百科通识文库

49

欧盟概览

约翰·平德 著

戴炳然 译

外语教学与研究出版社
北京

京权图字：01-2006-6835

图书在版编目（CIP）数据

欧盟概览 /（英）平德（Pinder, J.）著；戴炳然译. — 北京：外语教学与研究出版社，2015.8
（百科通识文库）
ISBN 978-7-5135-6508-0

Ⅰ. ①欧… Ⅱ. ①平… ②戴… Ⅲ. ①欧洲国家联盟－介绍 Ⅳ. ①D814.1

中国版本图书馆CIP数据核字（2015）第198843号

地图审图号：GS（2007）第440号

出 版 人　蔡剑峰
项目策划　姚　虹
责任编辑　周渝毅
封面设计　泽　丹
版式设计　锋　尚
出版发行　外语教学与研究出版社
社　　址　北京市西三环北路19号（100089）
网　　址　http://www.fltrp.com
印　　刷　三河市紫恒印装有限公司
开　　本　889×1194　1/32
印　　张　9
版　　次　2015年9月第1版　2015年9月第1次印刷
书　　号　ISBN 978-7-5135-6508-0
定　　价　20.00元

购书咨询：（010）88819929　电子邮箱：club@fltrp.com
外研书店：http://www.fltrpstore.com
凡印刷、装订质量问题，请联系我社印制部
联系电话：（010）61207896　电子邮箱：zhijian@fltrp.com
凡侵权、盗版书籍线索，请联系我社法律事务部
举报电话：（010）88817519　电子邮箱：banquan@fltrp.com
法律顾问：立方律师事务所　刘旭东律师
　　　　　中咨律师事务所　殷　斌律师
物料号：265080001

百科通识文库书目

历史系列：

美国简史
探秘古埃及
古代战争简史
罗马帝国简史
揭秘北欧海盗
日不落帝国兴衰史——盎格鲁－撒克逊时期
日不落帝国兴衰史——中世纪英国
日不落帝国兴衰史——十八世纪英国
日不落帝国兴衰史——十九世纪英国
日不落帝国兴衰史——二十世纪英国

艺术文化系列：

建筑与文化
走近艺术史
走近当代艺术
走近现代艺术
走近世界音乐
神话密钥
埃及神话
文艺复兴简史
文艺复兴时期的艺术
解码畅销小说

自然科学与心理学系列：

破解意识之谜
密码术的奥秘
恐龙探秘
情感密码
全球灾变与世界末日
简析荣格
人类进化简史
认识宇宙学
达尔文与进化论
梦的新解
弗洛伊德与精神分析
时间简史
浅论精神病学
走出黑暗——人类史前史探秘

政治、哲学与宗教系列：

动物权利
释迦牟尼：从王子到佛陀
死海古卷概说
存在主义简论
《旧约》入门
解读柏拉图
读懂莎士比亚
世界贸易组织概览
《圣经》纵览
解读欧陆哲学
欧盟概览
女权主义简史
《新约》入门
解读后现代主义
解读苏格拉底

目 录

前 言

有人说是萧伯纳为写了一封长信而道歉，原因是他没有时间写短信；有人说那是伏尔泰。他们俩很可能都这么做过。他们也许还为撰写了一本篇幅长的书而道过歉。当牛津大学出版社的谢利·考克斯邀我写此“非常简练的介绍”时，我就该想到这个故事。我写过不少关于欧盟的书，却从未受过“非常简练的介绍”的严格限制；我发现，尽可能简练地阐释一个复杂的实体，竟是一个难以应对的挑战。

问题的关键在于必须作最为精炼的阐述。自欧洲共同体——现称欧洲联盟——成立半个世纪以来，我一直在关注它的发展，并积累了大量的事实与思索，可供本书从中选取看来最为切题的素材。我很快产生了一个想法，即最好是沿着联邦制的方向循序渐进地介绍，而且一直认为理应如此。这并不意味着连根拔起欧洲的古老国家，再将它们移植至一片处女地，而是建立一种可以使它们以有效和民主的方式来解决共同问题的框架。我对观点的选取难免会受此想法的影响，但我关注的是为善于思索的人们——不管他们是倾向于联邦制还是政府间途径——提供事情的来龙去脉，借以评价欧盟的成效，并判断它在必须对其未来作出抉择的关键时刻应该朝哪个方向前进。为此，我力图实事求是。

我的知识涉猎可以说是博而不精。为了准确说明本书所涉及的欧盟事务，我得到了相关专业人士的鼎力相助。我要特别感谢莱恩·贝格、安德鲁·达夫、奈杰尔·黑格、克里斯托弗·约翰逊、约尔格·莫纳尔和西蒙·纳托尔。西蒙·厄舍伍德在加框文字、图表、年表、名词解释、地图等的制作上提供了极其宝贵的帮助。谢利·考克斯及其同事们既保证了工作效率，又能理解作者的需求。一如既往，我还得到了波林·平德的睿智建议。如果本书不能令读者满意，那不是他们的过错。

《尼斯条约》

在本书付梓前不久，欧洲理事会于 2000 年 12 月 10

日缔结了《尼斯条约》。该条约将大大改变欧盟机构的运作方式。为使本书内容尽可能反映欧盟的最新发展，牛津大学出版社容我在时间与空间所许可的极其有限的范围内，作了一些适当的修改。有些变革将在2005年生效，其余则将在该条约得到所有成员国的批准后——最迟可能是2002年——生效。在此之前，现有条约中的各项条款仍然有效。

约翰·平德

2000年12月

缩略语

ACP 非洲、加勒比和太平洋国家（非加太国家）

AFSJ 自由、安全与公正的区域

Benelux 比荷卢经济联盟

CAP 共同农业政策

CE 强制性开支

CFC 全氯氟烃

CFSP 共同外交与安全政策

CIS 独立国家联合体（独联体）

CJHA 司法与民政事务合作

CO_2 二氧化碳

Comecon 经济互助委员会（经互会）

Coreper 常驻代表委员会

EAGGF 欧洲农业指导与保证基金（农业基金）

EC 欧洲共同体（欧共体）

ECB 欧洲中央银行（欧央行）

ECJ 欧洲法院（正式名称为“法院”）

Ecofin 经济财政部长理事会

Ecosoc 经济社会理事会（经社理事会）

ECSC 欧洲煤钢共同体

ecu 欧洲货币单位（简称“埃居”，欧元的前身）

EDC 欧洲防务共同体

EDF 欧洲开发基金

EEA 欧洲经济区

EEC 欧洲经济共同体

Efta 欧洲自由贸易联盟

EMS 欧洲货币体系

Emu 经济与货币联盟（经货联盟）

EPC 欧洲政治合作

ERDF 欧洲地区开发基金（地区基金）

ERM 汇率机制

ESCB 欧洲中央银行体系

ESF 欧洲社会基金（社会基金）

EU 欧洲联盟（欧盟）

eua 欧洲记账单位（埃居前身）

Euratom 欧洲原子能共同体

euro 欧元（于 2002 年取代大多数成员国货币）

Gatt《关税及贸易总协定》(《关贸总协定》，世贸组织前身）

GDP 国内生产总值

GNP 国民生产总值

GSP 一般特惠制（普惠制）

IGC 政府间会议

Nato 北大西洋公约组织（北约）

NCE 非强制性开支

NTBs 非关税壁垒

OECD 经济合作与发展组织（经合组织）

OSCE 欧洲安全与合作组织（欧安合组织）

PHARE 波兰与匈牙利：经济重建援助（后拓展至其他中东欧国家）

QMV（理事会的）特定多数表决

SEA《单一欧洲法令》(《单一法令》)

TACIS 对独联体国家的技术援助

TEC 建立欧洲共同体条约

TEU《欧洲联盟条约》

UN 联合国

VAT 增值税

WEU 西欧联盟

WTO 世界贸易组织（世贸组织）

加框文字目录

图表目录

插图目录

地图目录

第一章

欧盟是干什么的？

今天的欧盟是由半个世纪以前创建的欧洲煤钢共同体演变而成。当时煤炭业与钢铁业仍然是军事实力的两大工业基础；1950 年 5 月 9 日，法国外长罗伯特·舒曼在他发起成立“欧洲煤钢共同体”的宣言中断言：这将使“法国与德国之间的任何战争”变得“不仅难以想象，而且事实上也不可能”。

持久的和平

在时隔多年的今天，人们恐怕很难理解这句话在当时的重大意义。1939—1945 年的那场战争给几乎所有欧洲国家都带来了严重灾难，而当时战争结束才仅仅 5 年。对于过去 80 年中曾 3 次兵戎相见的法国和德国而言，寻找持久和平共处的途径是首要的政治目标，而新的共同体正是为此而构建的。

对法国而言，以德国巨大的工业潜力，其完全独立的前景是令人担忧的。1914—1918 年那场战争之后，法国就曾力图遏制德国，却一败涂地。用强有力的机构来约束德国，同时也约束法国及其他欧洲国家，从而在更长时期内可以使德国接受，这一想法似乎更有希望。而这种希望已经得到了充分实现。法国人可以将欧共体（EC）和现在的欧盟（EU）视为他们创造性倡议的结果，他们的这些倡议曾是其欧洲政策的核心方案。与此同时，法国人还寻求扮演欧洲各国领导者的角色，而且相当成功。另一方面，在平等的基础上加入这些欧洲机构，也给德国提供了一种架构，使其能在此架构下与日益增多的其他成员国发展和平与建设性关系。

对于德国人而言，12 年的纳粹统治于 1945 年土崩瓦解之后，共同体给他们的民族以重新受世人尊敬的机会，因此建立一个强有力的平等的共同体的想法是很有吸引力的。舒曼还宣称：新的共同体将是“欧洲联邦的第一座坚实基石，而此联邦系维护和平所必不可少”。尽管法国人对使共同体向联邦方向发展有些用心不专，但对联邦民主主义十分着迷的德国政治阶层却不懈地支持这种发展。事实上，重新统一后的德国于 1992 年通过了《基本法》的一项修正案，使其在加入恪守联邦制原则的欧洲联盟的道路上有据可依。

其他 4 个创始国——比利时、意大利、卢森堡与荷兰——也认为，新的共同体能将德国约束于强有力的欧洲机构内，不失为保障和平的手段。他们大多也像德国人那样，将欧共体视为联邦政体发展过程中的一个阶段，而且在很大程度上一直这么认为。

尽管第二次世界大战正日渐淡出历史，成为一个更为遥远的过去，但作为创建共同体的基石，谋求和平与安全的动机仍然对共同体 6 个创始国的政府与政治家具有重大的影响。而半个世纪以来，这一体系为保持和平提供了一种架构，被看成是未来稳定的一种保证。决定实行单一货币来强化共同体便是最新的例证，这种单一货币被看成是将统一后潜力更为巨大的德国牢牢扼制住的途径。今后，随着欧盟东扩，其成员国将增至 30 个或更多，其中包括至少十余个新兴民主国家；因此，欧盟将不断面临强化其机构以保持稳定的压力。而在英国，政治家们普遍关注的是经济一体化，这便使他们的注意力转离了这一体系的根本动机，并阻碍其在此类发展上产生重大与建设性的作用。

经济实力与繁荣

尽管谋求持久和平是建立新共同体的深远的政治动机，但如果在其有权管理的经济领域中没有取得足够的成绩，这个共同体也不可能成功。而事实上，共同体不仅满足政治需求，也能促进经济发展。法国、德国、比利时与卢森堡诸国间的边界成为钢铁厂与冶炼钢铁所需煤矿之间的壁垒，阻碍着生产的合理化；消除这些障碍以及共同治理随之形成的共同市场，在经济上是成功的。这种成功以及成员国间实现和解的事实，促使这些国家——如同舒曼所指出的那样——将欧洲煤钢共同体视为经济乃至政治统一进程中的第一步。1954 年，法国国民议会拒绝批准欧洲防务共同体的一项条约使得第二步尝试踏空；之后，6 个创始国再度迈上经济一体化的道路。在 1958 年欧洲经济共同体（EEC）成立之时，共同市场的构想已延伸至各国之间的所有贸易活动中，这合乎成员国间经济相互依存的逻辑，使它们走上了经济一体化的坦途。

由于法国的坚持，欧洲经济共同体实行统一的对外关税，从而能够以平等的地位与美国进行贸易谈判。这说明了共同体的潜力：一旦拥有执行对外政策的共同手段，它就可以在国际秩序中发挥重要作用。这也是实现创建共同体的另一个动机的第一步：恢复欧洲在更大世界范围内的影响，而这种影响已被两次自相残杀的大战消耗殆尽。

未曾遭受战败打击的英国人不赞同欧洲民族国家体制必须彻底改革，因而在 20 世纪 50 年代与共同体保持着距离。他们认识不到推行这种改革的作用，但某些人除外，其中便包括温斯顿·丘吉尔。战争结束不到一年半，他便在苏黎世的一次演讲中指出：“我们现在必须建立一种欧洲合众国……第一步一定是法国与德国结成伙伴关系……法国和德国必须共同带头。”在英国，尽管只有少数人深刻理解要有一个新的共同体的道理，许多人却不愿在欧洲大陆市场中处于不利地位和被排斥在重大决策之外。因此在没能建立一个包括欧洲经济共同体及其他西欧国家的

图 1 丘吉尔在海牙：在号召建立“一种欧洲合众国”后，他发起了欧洲运动。

自由贸易区之后，接连几届英国政府都寻求加入共同体，并终于在 1973 年如愿以偿。然而，虽然在推动共同市场发展为一个更加完善的单一市场中英国人发挥了领导作用，他们依然缺乏创始国和其他一些国家那种推进其他形式的进一步一体化的政治动机。

了解创始国与英国的动机是很重要的，因为它们还在继续演变，仍然影响人们对欧盟的态度。这些年来，陆续加入进来的其他国家，在不同程度上也怀有类似的动机；

而在今后一二十年内可望加入的十来个或更多的国家，将带着它们各自的不同动机，包括它们大多怀有的、受苏联长期控制后加入欧洲主流的强烈愿望。种种这些不同的政治与经济动机构成了过去 50 年间许多戏剧性事件的根本原因，并造就了作为本书主题的欧洲联盟。

理论与解释

对于欧共体与欧盟现象，主要有两种解释。第一种解释强调成员国及其政府间关系的作用，另一种解释则更重视欧洲机构的影响力。

坚持第一种解释的人大多属于"现实主义"或"新现实主义"思想流派，他们认为欧共体与欧盟并没有给成员国之间的关系带来根本变化，因为这些成员国的政府依然追逐本国利益，并如同在其他地方一样，在欧盟中寻求本身权力的最大化。这一流派的一种较新的变体被称为"自由政府间主义"，它通过分析国内各种政治力量的作用，来解释政府在欧盟中的行为。因为缺乏更好的字眼，下文在讨论欧共体与欧盟如何运作时，持上述观点的流派将被称为“政府间主义者”。

我们不可低估政府在欧盟事务中所保持的作用：在代表成员国的理事会中，它们拥有决策权；它们还完全左右着最终是否诉诸武力。但其他流派，包括所谓的“新功能主义”和“联邦主义”，比“政府间主义者”更重视欧洲机构的作用。

“新功能主义者”将欧共体的发展看成是从最初的只限于两个工业领域的欧洲煤钢共同体“溢出”的过程。利益集团和政治党派被煤钢共同体在解决这两个领域问题上的成功所吸引，却对其无力处理其他领域的相关问题而沮丧，因此它们与欧盟委员会的领导层一起，成功推动共同体权限的不断扩张，直至它最终能为成员国的许多事务提供一种欧盟的治理方式。这至少部分解释了共同体发展的某些步骤，包括从单一市场向单一货币的发展。

“联邦主义”尽管也强调共同机构的重要性，但在两个主要方面超越了“新功能主义”。首先，它认为向欧盟移交权力与从现有权力向新权力的“溢出”无关，与之相关的是各成员国政府愈来愈无法有效处理跨国家的、从而是超越现有国家权限的问题。这些问题大多涉及经济、环境、安全等领域，国家则只应对那些它们仍能有效处理的事务保持控制权。其次，“新功能主义”对决定欧洲机构发展的原则含糊其词，“联邦主义”则以自由民主主义——特别是建立在基本权利之上的法治，以及由民选代表立法和监督行政机构的代议制政府——作为其立足点。据此观点，共同行使的权力需要由政府机构处理，因为政府间方式既不够有效也不够民主，无法充分满足民主国家公民的需求。所以，要么机构中的联邦成分得到强化，直至欧盟成为一个有效的民主政体，要么它将无法获得民众的足够支持，从而无法发展，甚至可能无法存在下去。

接下来各章将试图说明欧共体与欧盟的发展在何种程度上反映了这些不同的观点。同时，也提请读者注意：笔者认为，对有效的民主政府的需求已经使欧共体与欧盟沿着联邦的方向逐渐前行了很远，而且应该继续沿着此方向前进，尽管它绝不会必然地朝此方向前进。

第二章

欧盟是如何建成的？

"欧洲统一不会一蹴而就，或因循一个单一、普遍的模式。它将通过实实在在的成果来构建，首先是通过创建一种事实上的团结。"《舒曼宣言》以这些话准确地预示了昔日共同体演变成今日联盟的过程。因以往行动的成功而获得信心，共同体的机构与权力得以逐步发展，以处理看来最好由共同行动来运作的事务。

接下来的各章将更为详细地讨论共同体的各个机构与职能，从中我们可以看到，利益与重大事件是如何相互作用，从整体上造就了这种发展的。在前一章中已对一些基本利益与动机作了讨论：通过建立经济与政治关系——而不只是通过军事手段——来保障安全，实现企业与工会所特别关注的繁荣昌盛，推行绿党与志愿组织强烈要求的环境保护，保持在对外关系中的影响以促进在更大世界范围内的共同利益等。

随着满足这些需求的共同体的建立，其他利益也掺和进来。那些担心受某些方面损害的国家，寻求通过再分配措施得以补偿：法国要求实行共同农业政策，以抗衡德国的工业优势；害怕因单一市场而利益受损的那些较弱经济体，要求设立结构性基金；英国及其他预算失衡国家[1]，要求调整预算分配。有些政府、议会、党派和志愿组织大力要求改革，以使机构更加有效和民主；而与此相对，有人抵制任何超越政府间决策的行动，但动机又各不相同：有的是出于意识形态上对民族国家的信奉，有的是出于认为一旦超越民族国家，民主就不可行，有的是出于对外国人的不信任，有的则只是出于想要维持现状。他们中包括戴高乐总统与撒切尔首相等重要历史人物，以及各色各样的机构与个人——这在英国与丹麦最为常见。在欧盟各机构中，部长理事会最倾向于这种观点。

让·莫内与雅克·德洛尔属于最具影响力的联邦主义者，致力于发展一种能有效处理各成员国及其公民的共同

1 由于各种原因，这些国家对共同体预算的贡献远远超出了从中得到的收益。——译注，下同

利益的欧洲政体。他们都发起了迈向联邦目标的重要步骤。阿尔蒂诺·斯皮内利则代表另一类型的联邦主义，构想着一举实现欧洲联邦宪法。德国、意大利、比利时与荷兰议会和政府在不同程度上都是机构联邦主义者；欧盟委员会与欧洲议会也是如此；在欧盟各条约能作此解释的范围内，欧盟法院也算是机构联邦主义者。尽管意大利人、比利时人和有些时候的欧洲议会支持宪法联邦主义，但总的来说其更倾向于莫内的循序渐进的方式。

50年代：创建条约

莫内负责起草了《舒曼宣言》，主持了《欧洲煤钢共同体条约》谈判，并担任了煤钢共同体高级机构的首任主席。“高级机构”[1]这个词反映了他对将一个强有力的执行机构置于共同体核心的坚持，而这种坚持源自他在担任两次大战间的国际联盟副秘书长时，深感政府间体制的软弱无能。但他也相信，对于信奉民主的成员国而言，这样的共同体应该具有一个议会和一个法院——联邦立法与司法

1 “高级机构”的英文原文为High Authority，authority这里意指具有权威的机构。

的基础——以及一个由各成员国部长组成的理事会。

这一结构直至今日仍十分稳定，然而机构间的关系已有所变化：理事会成了最强势的机构；欧盟委员会仍然重要但已经失利；欧洲议会权力有所增强；法院已确立为诠释共同体权限的最高司法机构。虽然英国政府后来接受了这些机构，但在20世纪50年代，英国认为这些机构过于联邦化而不愿参加。

但6个成员国决心朝此方向继续推进。由于受共产主义在欧洲与朝鲜扩张政策的影响，美国坚持主张德国进行

图2 创始人：莫内（左）与舒曼（右）。

9e Projet

Le 6 Mai 1950

La paix mondiale ne saurait être sauvegardée sans des efforts créateurs à la mesure des dangers qui la menacent.

La contribution qu'une Europe organisée et vivante peut apporter à la civilisation est indispensable au maintien des relations pacifiques. En se faisant depuis plus de 20 ans le champion d'une Europe unie, la France a toujours eu pour objet essentiel de servir la paix. L'Europe n'a pas été faite, nous avons eu la guerre.

L'Europe ne se fera pas d'un coup, ni dans une construction d'ensemble : elle se fera par des réalisations concrètes créant d'abord une solidarité de fait. Le rassemblement des nations européennes exige que l'opposition séculaire de la France et de l'Allemagne soit éliminée : l'action entreprise doit toucher au premier chef la France et l'Allemagne.

Dans ce but, le Gouvernement Français propose de porter immédiatement l'action sur un point limité mais décisif :

Le Gouvernement Français propose de placer l'ensemble de la production franco-allemande de charbon et d'acier, sous une Haute Autorité commune, dans une organisation ouverte à la participation des autres pays d'Europe.

La mise en commun des productions de charbon et d'acier assurera immédiatement l'établissement de bases communes de développement économique, première étape de la Fédération européenne, et changera le destin de ces régions longtemps vouées à la fabrication des armes de guerre dont elles ont été les plus constantes victimes.

图 3 莫内送交舒曼的 1950 年 5 月 9 日《舒曼宣言》文本第 1 页。

重新武装，法国对此作出反应，提出建立一个拥有一支欧洲军队的欧洲防务共同体。6 国政府签署了一项《欧洲防务共同体条约》，其中 4 国批准了该条约；但它在法国日益遭到抵制，国民议会 1954 年经投票决定将其搁置。或许这样也好，因为共同体机构即便得到同时制定的关于欧洲政治共同体的一项条约的强化，恐怕也不足以承担如此沉重的责任。其结果是，直到 90 年代，赋予共同体在防务领域某种权限的设想，依然是个禁区。

尽管欧洲防务共同体的失败是一个严重的挫折，但人们对共同体作为维持成员国间和平关系的架构的信任感增长了，由此形成了一股“重新启动”其发展的强大的政治推力。荷兰人急切地提出要建立一个全面共同市场，并很快得到了比利时和德国的支持。依然明显倾向贸易保护主义的法国人疑虑重重，但他们坚持围绕法德伙伴关系构建欧洲一统的计划不变，因此接受了德国人所希望的共同市场，前提是满足法国的其他利益：

条约

罗马不是一天建成的；1958 年生效的《罗马条约》是建成今日欧盟这一漫长和错综复杂的过程的重要基石。其他重要条约包括 1952 年生效的《欧洲煤钢共同体条约》、1987 年生效的《单一欧洲法令》、1993 年生效的《马斯特里赫特条约》、1999 年生效的《阿姆斯特丹条约》和 2000 年 12 月由欧洲理事会缔结的《尼斯条约》。

一个较小的复杂之处是，《罗马条约》包括两个条约——《欧洲经济共同体条约》与《欧洲原子能共同体条约》，但前者比后者重要得多，所以通常被称为《罗马条约》。

一个较大的复杂之处是，欧洲联盟是由《马约》所建立的，除本身有其条约的欧洲共同体之外，欧洲联盟还包括外交政策与内部安全两个新“支柱”。《欧洲经济共同体条约》被《马约》加强为《欧洲共同体条约》（TEC）；虽说欧共体是欧洲联盟不可分割的一部分，但《欧洲共同体条约》继续与《欧洲联盟条约》（TEU）并存。因此现在有两个条约（《欧洲共同体条约》与《欧洲联盟条约》），二者紧密地联系在一起并拥有共同的机构，不过法院、委员会与欧洲议会在欧洲共同体中起到的作用，强于它们在另两个支柱中的作用。

注意：为避免不必要的复杂化，本书在提及欧共体与欧盟时，遵循两个原则：

- **涉及欧盟建立之前的所有事务，或特指欧盟建立之后，与欧共体单独相关的事务时使用欧洲共同体、共同体或欧共体；**
- **欧洲联盟、联盟或欧盟被用在所有其他场合。**

一个由法国起领导作用的原子能共同体、共同农业政策、与殖民地的优惠联系协定、共同体内男女同工同酬——若不如此，已有此法律规定的法国工业将在某些领域处于竞争劣势。6 国中经济实力最弱的意大利，则使得欧洲投资银行在该国成立了分支机构，获得了社会基金，实现了劳动力的自由流动。所有这些都写进了建立欧洲经济共同体

（EEC）和欧洲原子能共同体（Euratom）的《罗马条约》[1]。这是“一揽子交易”——每个成员国都获得一些好处——的早期例子，自此之后的许多行动都具有此特点。

这两项新条约于 1958 年 1 月 1 日生效。但在该年年中成为法国总统的戴高乐，决心保持本国原子能领域的国有化，使之为法国军事实力服务，因此将原子能共同体排挤到权力中心之外。而欧洲经济共同体成为共同体日后发展的基础。欧洲经济共同体的机构与欧洲煤钢共同体的相仿，不过其执行机构——被称为“委员会”而不是“高级机构”——不那么拥有实权。欧洲经济共同体被赋予了广泛的经济权限，包括：建立一个对内实行自由贸易和对外实行共同关税的关税同盟；在特定领域实行某些政策，尤其是农业政策；开展更加广泛的合作。

委员会的首任主席沃尔特·哈尔斯坦是一位出色的前法学教授和坚定的联邦主义者；作为阿登纳政府的资深成员，在商定《欧洲煤钢共同体条约》的内容时他是莫内的主要谈判伙伴。他领导委员会迅速开展工作，加速了建立

1 英文为复数，包括同时在罗马签订的《建立欧洲经济共同体条约》（即《欧洲经济共同体条约》）和《建立欧洲原子能共同体条约》（即《欧洲原子能共同体条约》）。单数的《罗马条约》则专指前者。

图 4 戴高乐对英国说“不”。

图 5 撒切尔对单一货币说“不”。

关税同盟的时间表；在此框架内，共同体在20世纪60年代取得了显著的经济成功，年均经济增长率为5%左右，是英国和美国的两倍。但是莫内与哈尔斯坦所设想的新兴的联邦主义共同体，与戴高乐对民族国家的基要主义信仰发生了冲突，使得该10年成为共同体政治上险象环生的时期。

60年代：戴高乐抵制联邦主义者

1958年6月，《罗马条约》生效不到半年，戴高乐就任法国总统。他不喜欢共同体的联邦成分与志向，但也不愿直接挑战法国刚批准的条约，因此他转而寻求利用共同体提升法国的权力与领导地位。事例之一是他将原子能共同体排挤到权力中心之外，另一个例子是他行使否决权，使得旨在接纳英国、丹麦、爱尔兰和挪威为成员国的扩大共同体的首轮谈判于1963年结束。虽说英国政府对共同体概念的理解更接近于戴高乐而不是更热衷于联邦制的其他成员国，但它对本国农业与英联邦利益的保护使得谈判变得艰难而漫长，并令其他成员国感到厌烦。法国这种行使否决权的单边主义与民族主义做法引起其他成员国极度不满，并诱发了共同体内首次政治危机。接着在 1965 年，共同农业政策（CAP）的安排又引发了一场更大规模的危机。

共同农业政策从一开始就承载着法国的关键利益，戴高乐决心尽快制定这一政策，避免其被不当延误。该政策建立在价格补贴之上，需要巨额公共费用。法国与委员会都认为费用应出自共同体而非各成员国的预算开支。但具有联邦取向的委员会和信守民主原则的荷兰议会，坚持预算开支必须由议会管理；而鉴于共同体预算不能由 6 个单独的议会管理，因此它必须由欧洲议会来管理。这一主张得到其他成员国政府的赞同，但对戴高乐来说是绝不可接受的。他决然挑起“空椅危机”，在 1965 年下半年禁止其部长出席理事会会议达半年之久，引起了其他起成员国对他可能准备毁灭共同体的担忧。

双方都不愿轻易让步，最后此事件在 1966 年 1 月以一项所谓的“卢森堡妥协”了结。法国政府坚持保有在“一个或多个成员国的至关重要的”利益面临危险时的否决权，而其他 5 个成员国则申明将信守条约在某些问题上以特定多数表决的规定——该规定原本定于是月在一系列事务上生效。对戴高乐来说，关键问题似乎可能是理事会中的否决权而不是议会的作用；而尽管其他国家政府声称坚持多数议决的原则，但事实上戴高乐的立场在此后的20年间占据了上风。因此，卢森堡“否决”应该是比“妥协”更为确切的表述。不过在20世纪80年代中期，在协商单一市场计划的过程中，多数表决开始施行，现已成为绝大多数立法决议的标准程序。

尽管政府间主义与联邦主义之间存在这些分歧，关税同盟还是于1968年7月在条约规定的日期之前建立。关税同盟的巨大影响不仅见于共同体内部，也反映在共同体的对外关系上。凭借共同对外关税这一手段，共同体正在成为在贸易领域可与美国并驾齐驱的“强国”。肯尼迪总统曾建议就大幅削减关税进行多边谈判。在委员会的巧妙领导下，共同体作出了积极的响应；结果是平均削减关税达三分之一，由此开辟了一个新的时代，共同体从此成为推动国际贸易自由化的主要力量。

共同体政治起起伏伏的同时，法院在确立法治上却稳步发展。基于其负有条约规定的保障“法律得到遵守”的义务，法院通过 1963 年和 1964 年的裁决，确立了共同体法优先与直接有效的原则，从而使之能始终如一地在所有成员国中得到贯彻。尽管缺乏对国家主体的严格意义上的强制手段，但建立在条约和共同体机构立法之上的对法律的尊重成为一种黏合剂，将共同体紧密地联结起来。

扩大与某种程度的深化：英国、丹麦与爱尔兰加入

1969 年戴高乐总统辞职，由乔治·蓬皮杜接任。作为法国政策基础的民族基要主义，让位于务实的政府间主义。英国、丹麦、爱尔兰和挪威仍然寻求加入共同体，并得到法国的共同体伙伴的支持。而蓬皮杜没有像戴高乐那样否决扩大共同体而是予以同意，但前提是要同时符合法国利益，尤其是同意为共同农业政策出资，以及接受诸如货币联盟与外交政策协作之类的“深化”因素。这些条件除了要满足法国的农业利益，也是为了促进法国的欧洲计划：使德国更加坚定地融入共同体，以及防止共同体因扩大而弱化的危险。

法国的伙伴们支持共同体的扩大与深化。德国新总

理、联邦主义者维利·勃兰特，在 1969 年 12 月海牙召开的 6 国政府首脑峰会上起到了最重要的作用。他虽因其东方政策而闻名，缓和了与苏联集团尤其是与东德的紧张关系，但也推出了一项西方政策，增强了西欧的一体化。在海牙，他在推动扩大共同体的同时，提议建立经济与货币联盟。这一提议与法国提出的其他条件一道，原则上获得同意；在与其他国家进行加入共同体谈判的同时，共同体内部也在着手推动上述计划的开展。

然而，在 20 世纪 90 年代之前，经济与货币联盟的原则实际上并没有得以实现。法国偏向于联邦的政策手段而不愿实行机构改革，要求建立单一货币；德国则认为，单一货币必须与经济政策的协调、理事会内的多数表决和欧洲议会权力的增强齐头并进。但这些改革对于后戴高乐时代初期的法国而言还难以接受，因此成员国只达成一项汇率合作机制，且该机制脆弱得难以经受当时的国际货币动荡。由于法国坚持外交事务上的主权，为外交政策合作设计的机制[1]与共同体各不相干，且绝对是政府间的。此机

---

1 称为“欧洲政治合作”，目标是加强各国间外交政策协调，由外交部长会议操作。

制尽管相当有用，但其影响有限。倒是法国农业强硬的经济利益，在一项财政规则中获得了切实的效果；由于英国小而高效的农业与 6 个成员国的情况不同，该规则对英国大为不利。

共同农业政策的资金问题又一次引发了对欧洲议会的权力问题的讨论。荷兰坚持不懈地要求赋予议会以权力，并得到比利时、德国与意大利的支持。蓬皮杜的反应是原则上接受欧洲议会与理事会共享预算控制权，但尽可能地排斥其对开支的控制，尤其是对农业开支的控制。这一立场因为没有更好的选择而被其他国家接受，写入了 1970 年的一项修正条约。当后戴高乐主义者吉斯卡尔·德斯坦继蓬皮杜担任总统后，1975 年的另一项条约提升了议会的作用。这虽然只是走向议会预算权的第一步，但它将成为共同体体制结构中的重要一环。

尽管农业及与英联邦国家的贸易依然是未决的难题，而且英国公众似乎也不认同，但希思首相与蓬皮杜总统建立了良好关系，并推动加入谈判圆满结束。英国、丹麦和爱尔兰一起于 1973 年 1 月加入共同体，但挪威全民公决反对加入。随着愈来愈反对共同体的工党在大选中获胜，

图 6 英国加入：希思签署《加入条约》。

哈罗德·威尔逊于 1974 年取代爱德华·希思成为英国首相，并决定在 1975 年就英国是否留在共同体内进行全民公决。经过一场有点装门面性质的“重新谈判”，威尔逊政府建议英国维持其成员国资格，1975 年的公民投票也以二比一的多数票通过此建议。但工党的反共同体立场愈演愈烈，在 1983 年的大选中甚至主张英国退出。与此同时，因保守党在大选中获胜，玛格丽特·撒切尔于 1979

年出任首相。由于此时法国的后戴高乐主义政府正回归到支持早年的共同体主张，因此撒切尔为坚持政府间主义而不遗余力，与共同体的关系处于极度动荡的状态。她还如她所说的那样，通过抵制共同体的许多事务竭尽全力争取“拿回我们的钱”，直至 1984 年达成协议将英国对共同体预算的高额净贡献[1]降低。

欧洲理事会、议会直选、欧洲货币体系

1974 年，蓬皮杜总统故世，吉斯卡尔·德斯坦接任法国总统。虽然德斯坦曾任戴高乐政府的财政部长，他却并非传统的戴高乐主义者，而且想通过一些措施使他的总统任期成为共同体的发展时期。尽管对联邦主义模棱两可，但他采取行动使共同体机构的政府间与联邦性因素都得以强化。他倡议将首脑会议定期化为国家与政府首脑的“欧洲理事会”，并发起了欧洲议会的直接选举。

此时，莫内依然十分活跃，组织各成员国民主政党领

1 共同体的预算收入除关税、农业税、增值税等自有财源外，还包括各成员国的“贡献”；这些收入的大部分又通过农业开支、结构性基金等再分配渠道返还各成员国，因此对每个成员国来说，其对共同体预算的贡献与得益是不平衡的。

袖和工会领导人成立“欧洲合众国行动委员会”，并担任主席。经与莫内磋商，德斯坦建立欧洲理事会与实行议会直选的建议均被采纳。尽管他似乎是想让理事会采取政府首脑私下交谈的形式，欧洲理事会很快就在共同体决策中扮演了中心角色，调解部长理事会无法解决的冲突，确定重要的一揽子事务。20 世纪 50 年代的条约就已经规定进行议会的直接选举，但需以取得各成员国政府的一致议决为前提；在戴高乐派当权的法国，一致议决迟迟未能达成。现在各国政府同意在 1979 年 6 月举行首次议会直选。朝着代议制民主迈出的这一步伐，将对共同体未来的发展产生重大的影响。

首次议会直选的那年还见证了迈向货币联盟的重要一步。1977 年，前工党政府重要成员罗伊·詹金斯成为共同体委员会主席。他并非明确的联邦主义者，却支持共同体向联邦方向迈进；在探索“推动欧洲前进”的途径后他得出结论，认为将建立货币联盟重新提上日程的时机已经成熟。这个想法得到德国总理赫尔穆特·施密特的支持，一方面是因为他认为这能分散美元疲软和马克坚挺所导致的德美关系困难的压力，另一方面是因为他深受莫内的影响。施密特与德斯坦在1974年接任总理与总统前，就在财长任上建立了密切关系，因此他们很快就对欧洲货币体系（EMS）建议达成一致，以形成一个有力的相互汇率稳定机制，以及一个能执行某些技术功能的欧洲货币单位——埃居（ecu）。[1]此建议只有英国不予接受——其时工党政府对共同体的敌意正与日俱增。因此，1979年欧洲货币体系初创时，它并非共同体的一部分，而是与之平行的；除一个成员国外，其他国家都加入了——这是后来经常出现的一种情形：一批成员国一起向前行进，而英国，有时还有一两个其他国家，则站在一边观望——但通常最终决定参与进去。

单一市场、《欧洲联盟条约草案》、向南扩大

1985年1月，雅克·德洛尔成为共同体委员会主席。他访问了每个成员国，调查什么重大计划有可能是大家都能接受的。作为传统的莫内联邦主义者，他提出了3个计划：单一市场、单一货币和体制改革——都可看作是朝着

1 詹金斯在其《欧洲日记1977—1981》（伦敦，1989年，第22—23页）中回顾了他选择“推动欧洲前进”这一主题的经过。

联邦方向发展。但撒切尔的联邦主义观与戴高乐的相近，因此她反感德洛尔所构想的单一货币与体制改革。但同时，作为一名激进的经济自由主义者，她认为单一市场是实现贸易自由化的一个重要举措。在艰难的70年代，欧洲经济失去了增长势头，所以所有国家政府都接受单一市场方案，将之看成打破所谓的“欧洲僵化症”的途径。此计划得到了那些更有活力的企业与主要行业协会的支持。

《欧洲经济共同体条约》所构想的共同市场，事实上

图7 德洛尔：单一市场、单一货币、单一思想的欧盟拥护者。

就是一个单一内部市场。条约明确规定了废除关税与配额的计划，并成功地完成任务，但对于消除非关税壁垒所要求的大多数立法，条约规定须在理事会中获得全体一致的表决。卢森堡“妥协”的影响是将这种否决权用另一种名义实施到其他方面，结果是在消除非关税壁垒上长期了无进展；而 20 世纪 70 年代贸易保护主义压力的再度高涨，加上现代经济的日益复杂化，使此类壁垒成为贸易的严重障碍。

内部贸易关税的成功废除表明，制定带有时间表的计划很有必要。为此，委员会列出了一个约有 300 项措施的清单，要求在 1992 年底前付诸实施，以消除非关税壁垒，实现单一市场。负责此计划的委员会委员是撒切尔政府的前大臣科克菲尔德勋爵；计划及时地起草完毕，提交给了 1985 年 6 月在米兰召开的欧洲理事会会议。

与此同时，欧洲议会拟定了一项政治计划——在阿尔蒂诺·斯皮内利的推动下起草一项《欧洲联盟条约草案》。作为联邦主义者的领军人物，斯皮内利认为起草宪法是走向联邦的捷径。他从 50 年代起就不懈地坚持此主张，现在他认为经直接选举产生的欧洲议会议员（MEPs）——

他是其中一员——有资格承担此任务。他说服欧洲议会其他议员支持此项计划，并领导了起草工作。最后，欧洲议会以绝大多数票通过了该草案。

《条约草案》旨在改革共同体机构，使它们具有一种联邦的特征，并将共同体的权力范围扩大至将联邦通常具有的大多数权力包括在内，但防务这一关键领域除外。条约将在获得代表共同体三分之二以上人口的多数成员国的批准后生效，并规定将与未批准的所有成员国通过谈判达

图 8 斯皮内利举手赞同其拟定的《欧洲联盟条约草案》。

成适当的协议。此草案在大多数创始成员国中得到了普遍的支持，但德国政府却和一些国家一道，反对可能将英国排除在外的情况出现。密特朗总统虽然没有明说，但确实表示赞同草案。该草案的主要提议与委员会的单一市场计划一起被提交给在米兰召开的欧洲理事会会议。

欧洲理事会不顾英国、丹麦和希腊的反对，首次以多数表决决定就条约修正案召开政府间会议（IGC）。这次政府间会议审议了涉及单一市场计划乃至议会《条约草案》中一些建议的修正案。会议结果是达成了《单一欧洲法令》，规定在1992年前建成单一市场；赋予共同体在环境保护、技术研究与开发、与就业相关的社会政策、凝聚基金等领域内的权限；还将外交政策合作纳入《欧洲经济共同体条约》——这也就是为什么它被冠以《单一欧洲法令》之名，以区别于建议保持外交政策独立的另一项提议。《单一法令》还规定在一系列单一市场立法中实施特定多数表决，并通过一个“合作程序”增强了欧洲议会的权力，使之可以影响有关单一市场的这些立法；法令还引入另一个程序，规定签订联系协定与加入条约需取得议会同意。

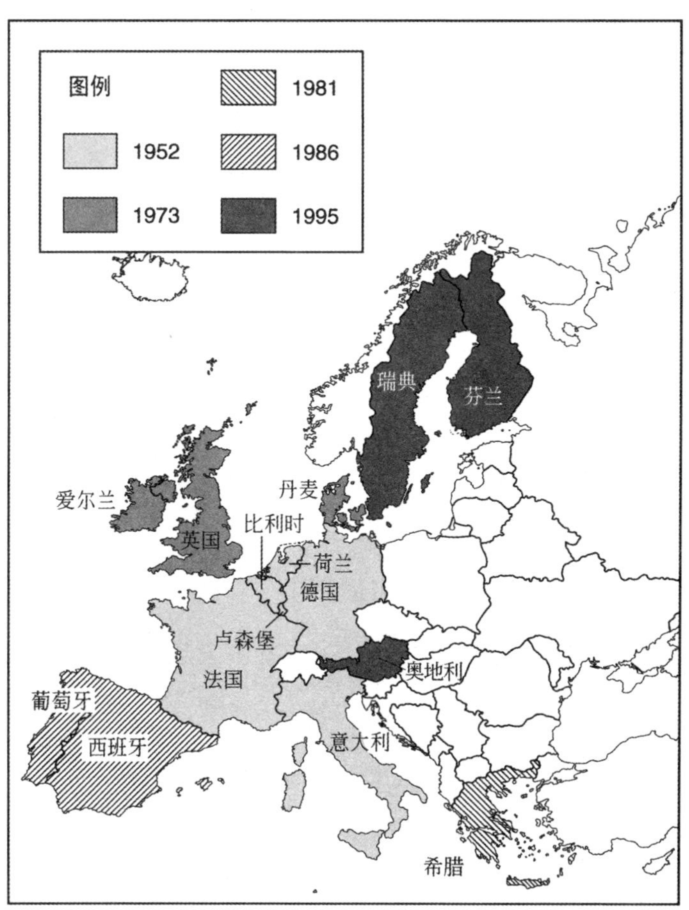

地图 1 欧盟的壮大（1952—2000 年）。

共同体在80年代再次扩大，于1981年接纳希腊加入，1986年接纳葡萄牙与西班牙加入。这3个国家都曾受独裁政权统治，将加入共同体视为其民主政体和经济现代化的支柱；共同体则希望它们成为自立的成员国，支持单一市场等共同体计划。为此，《单一法令》提出了一项凝聚政策，将结构性基金增加一倍，以支持经济实力较弱地区的发展。

这样，在成员国政府、经济利益、社会关注、委员会、议会及多种联邦主义势力的共同影响下，《单一法令》强化了共同体的权力及其机构。此后又召开了两次政府间会议，缔结了《马斯特里赫特条约》与《阿姆斯特丹条约》，同样强化了共同体的权力及其机构，并对类似的各种压力作出了回应。如果不是《单一法令》的成功，这些都不会发生。现在，单一市场的前景有助于经济的复苏，而共同体机构则在处理大量立法方案的过程中增加了实力。

斯皮内利在《单一法令》签署数周后故世。他认为《单一法令》是失败的，用他的话来说，是“一只死耗子”[1]。事实上,《单一法令》促使共同体重新启航，其影响之深远可与《罗马条约》相比肩。

《马斯特里赫特条约》与《阿姆斯特丹条约》

随着单一市场的成功，德洛尔决心推行单一货币计划。对此，不仅撒切尔反对，为德国马克是共同体最坚挺的货币而自豪的大多数德国人，也显然不甚热情。单一货币是法国的主要目标，这不仅有其政治理由，也有其经济原因。而作为一贯的联邦主义者，科尔相信这是走向联邦欧洲的关键一步，但他在推动筹划单一货币计划的同时，却遇到了在德国取得必要支持的困难。

1989 年，形势发生了天翻地覆的变化。苏联集团的解体使共同体向东扩张成为可能，德国也有望实现统一。但科尔需要密特朗的支持，不仅因为在形式上作为德国的占领国，法国有权否决德国的统一，还因为遵循勃兰特的政策，德国有必要保证新的东方关系不致损害欧洲共同体

1 斯皮内利 1986 年 1 月 16 日在欧洲议会的发言中，称《单一法令》为“死耗子”。见皮埃尔·维吉里奥·达斯托里（编）:《阿尔蒂诺·斯皮内利在欧洲议会的讲演》(博洛尼亚，1987 年，第 369 页)。

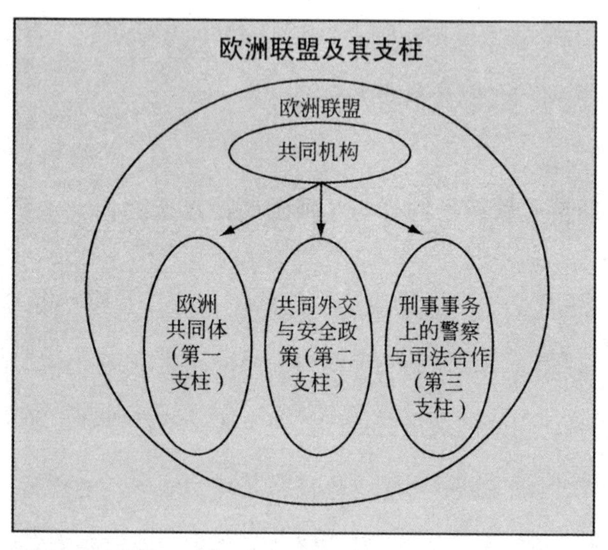

和法德关系。密特朗将单一货币视为将德国不可动摇地拴在共同体体系内的途径，从而将之作为同意德国统一的条件；而这也为科尔取得国内民众对单一货币计划的必要支持提供了保证。

结果，《马斯特里赫特条约》得以缔结。该条约不仅对欧元和欧洲中央银行作了规定，也对共同体一系列其他权限及体制改革作了规定。共同体在教育、青年、文化与公共卫生等领域获得了一些权力；共同体机构也在一些方面得到了强化，包括理事会中更多的特定多数表决。欧洲议会的作用也因“共同决策程序”——在一些领域的立法上，必须同时取得欧洲议会与理事会的同意——的引入而得到加强；它还获得了对各届新委员会的任命批准权。《马约》还建立了两个与共同体平行的新“支柱”：一个是“共同外交与安全政策”；另一个涉及自由流动与内部安全，被称为“司法与民政事务合作”，后在《阿姆斯特丹条约》中改称为“刑事事务上的警察与司法合作”。这两个支柱的运作涉及到共同体机构，但其基础是政府间合作。这整个庞大而笨重的结构被称为“欧洲联盟”，包括作为其核心的共同体支柱和两个其他支柱。

尽管约翰·梅杰接任撒切尔夫人为英国首相，并公开宣称要进入“欧洲的心脏”，但他坚持英国将不参加单一货币计划和事关就业的“社会宪章”。为了保证整个条约的通过，各国同意英国可以选择两者均不参加，丹麦则可不参加单一货币。

《马约》于 1992 年 2 月签署，但在 1993 年 11 月生效前几经波折：两次丹麦全民公决——第一次被否决，第二次在稍作修改后获得通过；以微弱多数通过的法国全民公决；英国下院令人焦躁的批准过程；德国宪法法院漫长的审议——最终驳回了认为《马约》与德国宪法不符的指控。这些插曲以及大多数成员国公民对欧盟认可度的下降，似乎令人惊恐，对于那些有联邦主义取向的人们而言尤其如此。

然而各国政府中更为激进的联邦主义者，觉得《马约》的力度还不尽如人意。新的货币决策权以及今后进一步的扩大——首先是面向一些为数不多的还未加入的西欧国家，然后是更多的中东欧国家——都要求欧盟更加有效和民主。因此，《马约》规定召开另一次政府间会议，会议成果则是 1997 年签订、1999 年生效的《阿姆斯特丹条约》。

《阿约》重新审议了联盟的一系列权限，包括与两个政府间支柱相关的规定。《阿约》规定在《共同体条约》中加入有关就业的新一章，反映了人们对失业问题的关注：整个 90 年代，欧盟失业率一直在 10% 左右；人们担心，如果欧洲中央银行实行紧缩的货币政策，失业还可能进一步恶化。

在所有的机构中，欧洲议会受益最多：共同议决程序的适用范围被扩大至大多数立法决策；它不仅获得了对整个委员会的任命批准权，还获得了在任命委员会之前对其主席的任命批准权。由于主席的任命一旦获得批准，他就有权同意或否决对委员会其他委员的提名，因此议会对委员会的影响力大大增强了。在1999年3月委员会辞职及新委员会任命的过程中，议会所起的作用表明了其对执行机构控制权的重要性。《阿约》还使委员会主席对其他委员拥有更大的权力。

在给共同体机构增添这些联邦成分的同时，《阿约》还反映了一种担心，即如果新的发展动辄被一致议决程序所阻断，欧盟将无法面对以后的挑战。这就使得一个新的“增强合作”程序产生，即同意一批成员国在个别国家不想参加的情况下继续推行某计划——这实际上是将单一货币与社会宪章的情况普遍化了。然而，就在于阿姆斯特丹召开的欧洲理事会会议就《阿约》达成协议的6周前，托尼·布莱尔继工党大选获胜而成为首相。英国新政府接受了社会宪章，毫无异议地同意增加议会权力等改革，显示出对欧盟的更加积极的态度。但英国还是和丹麦、爱尔兰一起，对取消边境控制的规定选择不予施行；它也没有参与向共同体支柱部分移交和司法与民政事务合作相关的权力——但英国政府而后很积极地参与了此方面的合作。至于在外部安全方面，欧盟在前南斯拉夫问题上的软弱无力，促使人们要求增强防务能力；英国政府不仅同意《阿约》在欧盟防务上的有关规定，还与法国一起在此方面发起行动。

向北和向东扩大；2000 年政府间会议

奥地利、芬兰与瑞典于 1995 年 1 月加入欧盟。挪威政府经过谈判也达成了加入条约，但再次被全民投票否决。这次，瑞士政府也申请加入，但在 1992 年公民投票否决加入欧洲经济区——与欧盟一种松散得多的关系形式——之后，撤回了申请。

这一轮扩大几乎没有伴随任何特定的深化措施；这些发达的市场经济国家的加入没有产生经济问题。然而，由于不是所有成员国都支持机构的进一步强化，成员国数量的增加促使更具联邦主义取向的国家敦促通过《阿约》加强机构改革，而欧盟进一步扩大的前景加重了这种压力。

摆脱了苏联控制的 10 个中东欧国家取得了与欧盟的

联系国地位，并进而寻求加入欧盟。它们面临着将其经济与政体从集权控制向成员国资格所要求的市场经济与多元民主政体转变的艰巨任务。到 1997 年，欧盟认为它们中有 5 个国家已经取得足够的进展，可以在次年开始进行加入谈判；与另 5 个国家的谈判则于 2000 年 1 月开始。第一批国家包括捷克、爱沙尼亚、匈牙利、波兰、斯洛文尼亚，以及也在申请之列的塞浦路斯。第二批国家包括保加利亚、拉脱维亚、立陶宛、罗马尼亚、斯洛伐克以及马耳他。土耳其也获得了候选国资格，但由于其涉及的经济与政治问题太多，欧盟并没有定下开始谈判的日期。

面临如此大规模的扩大，欧盟深化问题再次浮出水面。某些政策的改革势在必行，尤其是农业政策与结构性基金。委员会为此而提出的建议“2000 年日程”被部分采纳，但可能需要有进一步的措施。至于机构改革，在 2000 年又召开了一次政府间会议。对于需要采取的措施，会上出现了两派意见：一派意见认为应该坚持最小程度改革，即仅限于委员会成员名额、理事会投票的加权（为避免因大量较小国可能在今后几年加入而出现决策被小国所左右）、特定多数表决实施范围的扩大等方面；另一派则认为需要进行更为彻底的改革。这次政府间会议以2000年12月的欧洲理事会结束；我们可以看到，它所达成的《尼斯条约》更接近于最小程度而不是彻底的改革。

第三章

欧盟是如何治理的？

欧盟拥有重要的经济与环境方面的权力，而且在外交政策、防务与内部安全上日趋积极。这种权力是如何行使

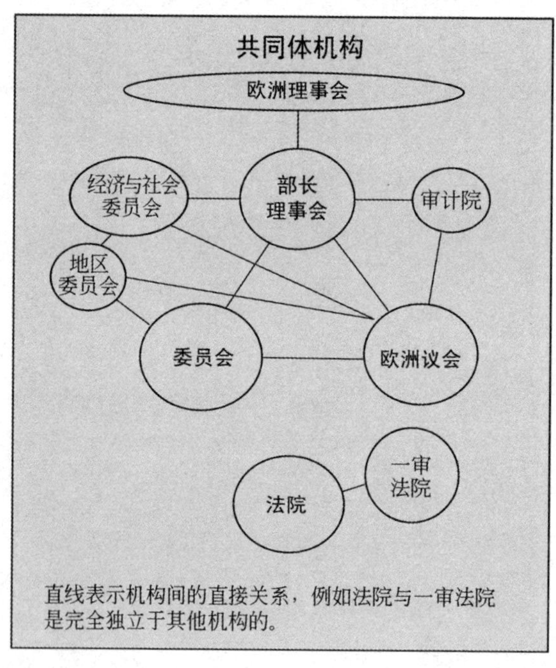

直线表示机构间的直接关系，例如法院与一审法院是完全独立于其他机构的。

与约束的？欧盟是如何治理的呢？

根据许多政府间主义者的观点，这是经由成员国政府间的合作来实现的：其他机构对代表各国政府的理事会起辅助作用，这一事实将不可改变。但联邦主义者认为，尽管理事会仍然是最强势的机构，议会、委员会和法院不仅充分独立于成员国，改变了它们间关系的性质，而且还是使欧盟可能和应该演变成一个联邦政体的过程中的重要的行为体。

欧洲理事会与理事会

理事会由代表成员国的部长组成，其最高层是由国家或政府首脑与欧盟委员会主席组成的欧洲理事会。国家首脑被包括在内是因为法国与芬兰的总统行使着在其他国家由政府首脑执行的某些职能，所以他们与其总理一起参加欧洲理事会。

欧洲理事会一年会晤三或四次，以作出需要在这一政治级别来议决或推动的决定：有时候是因为部长们无法在理事会内就某些问题作出决议，有时候是因为必须制定涉

图 9 1979 年的欧洲理事会：朝着不同的方向。

及诸多问题的某个一揽子计划，例如《马约》或《阿约》。欧洲理事会还必须“确定总的政治指导方针”。无论是为有效处理当前事务，还是为启动新的计划，欧洲理事会的轮值主席都起着很重要的作用。

欧洲理事会会议本身的规模不大，只有两位总统（法国与芬兰总统）、1 位主席（委员会主席），以及 15 位政府首脑[1]；陪同他们的有各国外长，有时还包括财长。他们

1 这是在欧盟 15 国的情况下，扩大为 27 国后，数量相应增多。

身后跟着大批媒体记者，以截然不同的各种方式，将会议结果传递给各国民众。因此，如果英国报纸的读者认为，1999 年 12 月的赫尔辛基欧洲理事会所讨论的主要是英国与法国间的牛肉争端，以及英国与其他成员国间可能影响到伦敦城金融利益的税务建议争端，那也是可以理解的。事实上牛肉问题并未列入议程，税收问题也只是稍微讨论了一下。其他国家的许多记者，则大幅报道与另外 6 个国家开始进行加入谈判的决定，以及建立维和快速反应部队的问题。

每次会议之后都要发布“主席结论”，通常是一份冗长的文件，有时还有众多的附件。当然，国家与政府首脑本身只提出他们的一些决议，没有时间也没有兴趣对摆在他们面前的所有问题作透彻的讨论。他们确实发起一些重大计划，例如由英国与法国联合倡议的快速反应部队，但大多数细节以及“政治指导方针”则是由欧盟机构与欧洲理事会轮值主席办公室提出。

部长理事会是一个更加复杂的机构。哪些部长参加哪一会议，取决于会议议题。理事会以二十几种方式会晤，包括经济与财政部长理事会（Ecofin）、农业理事会、司

图 10 部长理事会：并不亲密的秘密会议。

法与民政事务理事会，以及卫生、旅游、青年事务理事会等等。还有一个由外长组成的一般事务理事会，负责协调其他理事会的工作，但事实上它很难控制由强势政府部长组成的理事会。部长理事会这一结构的不协调性已引起欧洲理事会的注意，使之在 1999 年作了个根本算不上彻底改革的决定，即将理事会数目减少至 15 个以下。每个理事会均由任期半年的轮值主席国的代表主持。

与欧洲理事会不同，出席理事会会议的人数众多。每个国家都有几名官员陪同部长出席，相关的委员会委员也在场，还包括委员会官员和理事会秘书处成员——秘书处保证了轮值主席交替的连续性，因此成为一个相当重要的机构。另外不同的是，理事会的工作大部分是立法性的，但有些是执行性的。

理事会的会议程序更像是外交会议中的谈判，而不像一个正常民主立法机构中的辩论。大多数立法会议不对公众开放，但也远非滴水不漏；消息主要是通过各个部长会后向媒体吹风透露出去，因此有时说法迥然不同。

理事会会议与国际谈判的相似性在 20 世纪 80 年代中期之前更加明显。那时单一市场计划刚刚启动，特定多数表决（QMV）开始取代全体一致议决成为立法决策的通常程序。尽管条约规定只有委员会提出的立法文本可以成为立法，但一致议决程序给予每位部长以否决权，使之可以迫使委员会按其要求修改提案；而且虽然条约规定在一系列事务上实施特定多数表决，但“卢森堡妥协”所赋予的否决权事实上适用于几乎所有立法中。成员国的常驻代表委员会（Coreper）就委员会提案预先寻求各国政府的共同立场；考虑到取得全体一致同意的困难性，确实得感谢许多这些官员的奉献，才使共同体得以运转。但被委员会确定为事关普遍利益并获得大多数支持的措施，却常被概括为“一般性事务”，在长期拖延后才得以通过。

这就是为什么单一市场长期进展甚微，直至《单一欧洲法令》改变表决程序。在此之前，单一市场措施的通过速度约是每月 1 项，只能勉强应付经济的新发展，更不用说在 25 年内完成整个计划了。但《单一法令》为绝大多数单一市场立法规定了实施特定多数表决，将通过速度提高到约每周 1 项，使大多数立法在 1992 年前到位。

在成员国为 15 国时，特定多数为总计 87 加权票中的 62 票。加权取决于国家大小：法国、德国、意大利和英国各为 10 票，卢森堡为 2 票，其他国家在 2 票和 10 票之间。由于 26 票即可阻止一项决议，只要 4 个最大国中的任何 3 个反对，法律就无法通过。即将被接纳的十来个新成员国大多数是小国，这使大国担心这种均势将对它们不利。因此《尼斯条约》规定了新的加权数：从 2005 年 1 月 1 日起，加权票从 4 个最大国的每国 29 票到卢森堡的 4 票不等；特定多数为超过 237 票的 70%，只要任何 3 个最大国反对仍可阻止决议。随着欧盟继续扩大，此情况将维持不变，不过英国、法国与意大利要阻止一项决议还必须取得至少一个小国的支持。作为人口最多的国家，德国取得了一个额外的优势，即特定多数必须至少包括欧盟人口的62%。同时，为了保护较小国，特定多数还必须包括国家的简单多数。

虽然特定多数表决旨在保证大多数国家所希望的法律能被通过，理事会仍然尽力避免置处于少数的一国政府所认为重要的某件事情于不顾。这部分是因为在一个多元化的政体中——就像在瑞士联邦政体中那样——必须谨慎对待少数群体；而这种考虑在欧盟中更有其必要性，因为一个心怀不满的政府，可能会在其他仍需要全体一致议决的事务上采取报复而使工作陷于停顿。另外，这也反映了理事会中盛行的外交文化。这与“卢森堡否决”有所不同，因为前者还是常常付之表决的；但对于处于所谓的“表决阴影”下的议案，部长们更愿意达成妥协，以避免表决得出的结果对他们更为不利。主席在认为问题已获解决后，常常会提议已达成共识；若无异议，理事会将不经正式投票而通过相关立法文本。

随着特定多数表决在单一市场立法中的实施，“卢森堡否决”开始淡出。特定多数表决成为更大范围事务决策的既定程序，《马约》、《阿约》和《尼斯条约》则将其适用范围进一步扩展至所有立法的五分之四左右。余下的约五分之一仍需要实行全体一致议决的立法，分属各种不同的情况。英国与一些国家，出于观念形态和辅从性原则的缘故，坚持要对与就业相关的一些社会政策事务实行全体一致议决。而那些反对对有关结构性基金的目标、任务与组织实行特定多数表决的国家，其动机是钱而不是观念。英国还坚持在税收协调上实行全体一致议决，这部分是出于主权考虑。提高欧盟税收收入上限[1]的条约修正案，以及加入条约，甚至联系[2]条约，都被认为与主权密切相关，必须经各个成员国批准。尽管《尼斯条约》规定在委员会主席与其他委员以及理事会秘书长的提名上，实行特定多数表决，各国依然对其他重要任命保持否决权，例如法院法官与欧洲中央银行执行理事必须由各国政府“共同协议”任命。在其他两个支柱中，如《尼斯条约》第七章与第八章所示，也主要实行全体一致议决。

成员国数量愈多，达成全体一致协议就愈困难。因此

1 欧盟预算收入中相当重要的一部分是从各成员国增值税收入中提取的一定百分比，而这百分比的限额的改变需要以条约修正案的方式通过。

2 “联系”（association）在这里为一特定用语，指欧盟与非成员国通过协定或条约建立的一种特殊关系，在有些场合，它还是加入欧盟的过渡形式。

在可能继续扩大的背景下，尽管不是要求完全废止全体一致议决，但要求缩小其实施范围——正如《尼斯条约》所规定的那样——的呼声在增加，并成为倾向联邦主义者和反对联邦主义者之间的冲突之源。同样的争论也发生在理事会的执行功能上。

与大多数民主国家的立法机构不同，理事会还行使重要的执行功能。尽管按莫内的构想，委员会是共同体的主要执行机构，但条约许可理事会对委员会执行法律的方式方法“施加要求”，甚至规定可由理事会自己来负责执行。理事会安排了大量由成员国官员组成的小组委员会来监督委员会的执法，并安排“工作组”来审议委员会的立法议案，整个体系则由常驻代表委员会管理。每个小组委员会专司共同体的某项事务，有时是委员会与各国政府间的有效联系渠道，因为共同体政策的执行事实上大部分是委托成员国政府来完成的。但理事会为某些小组委员会规定的议事程序，使少数派国家的官员可以阻止委员会的行动，直至问题被提交给理事会讨论，而理事会则可能会批准停止行动。这致使人们抱怨说，这一被讥讽为“小组委员会制度”的体系破坏了共同体的效率。欧洲议会则在其有权进行共同立法之处，最大限度地减少小组委员会的阻力。为防止委员会在特定情况下采取某些行动，小组委员会或许很有必要存在。但总的说来，将执行各项共同体政策这样规模庞大和极其复杂的事务，实际上交由 15 个或更多政府的代表组成的小组委员会负责，似乎很难令人信服。

欧洲议会

欧洲议会议员（MEPs）由欧盟公民于每 5 年的 6 月直接选举产生。现有 626 名议员，按比例在各成员国间分配，倾向于较小成员国，但倾向程度不及理事会的加权：从德国的 99 席，法国、意大利与英国的 87 席，到爱尔兰的 15 席和卢森堡的 6 席不等。同样，《尼斯条约》为即将到来的扩大规定了新的议席分配：从 2004 年 6 月的议员选举起，总席位不得超过 732 席[1]。

欧洲议会的政治文化与理事会的截然不同：会议向公众开放；通常以简单多数表决；议员一般按党派而不是

1　随着欧盟扩大为 27 国，欧洲议会议席已突破 732 席的限额，增加至 785 席，从德国的 99 席，法、意、英的 78 席，至爱沙尼亚、塞浦路斯、卢森堡的 6 席和马耳他的 5 席不等。

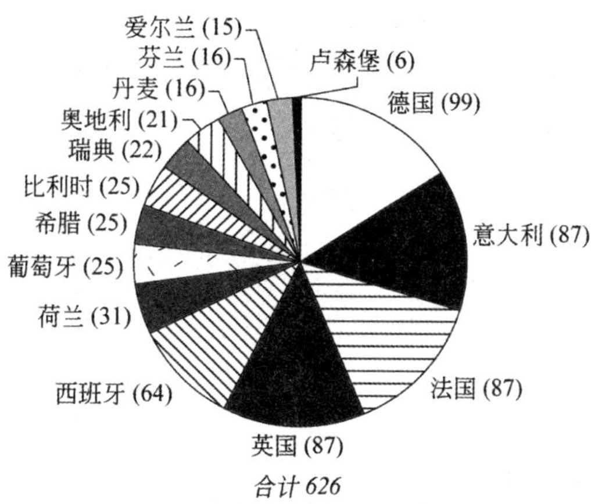

按国家投票。1999 年 6 月选出的议员中，四分之三属于主流党团：中间偏右的基督教民主党与保守党（欧洲人民党）占 233 席，中间偏左的欧洲社会党占 180 席，欧洲自由党、民主党与改革派党团占 51 席[1]；其余议员则相当平均地来自较小的左派党团——其中最重要的是绿党——和对欧盟持怀疑态度的右派党团——包括反对欧盟有关狩猎与捕鱼立法的法国“猎人与渔夫党”。

尽管现在还没有就一个统一的选举程序——或用《阿约》中更为客气的说法是“对全体成员国共同适用的原

1 目前欧洲议会中，三大主流党团在 785 个议席中占的议席分别是 278 席、216 席和 104 席。

1999 年选举后的议会党团

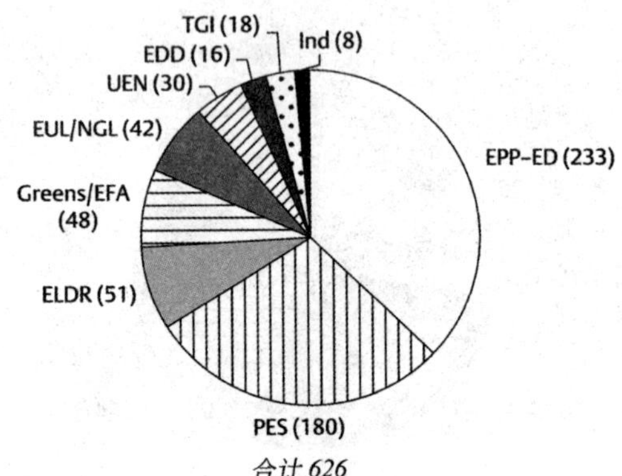

合计 626

EPP-ED:	欧洲人民和民主党党团
PES:	欧洲社会党党团
ELDR:	欧洲自由、民主与改革党党团
Greens/EFA:	绿党和欧洲自由联盟党党团
EUL/NGL:	欧洲左翼联盟和北欧左翼绿党党团
UEN:	民族欧洲联盟党团
EDD:	欧洲民主与多样性党团
TGI:	独立议员技术党团
Ind:	独立人士

则”——达成协议，所有国家现在都采用比例代表制：有 10 个国家采用全国选区制，4 个国家（比利时、爱尔兰、意大利与英国）以地区为单位，1 个国家（德国）两者兼具。迄今，政党间均势的波动主要是英国的“得票最多者当选”制度引起的：由于这一选举制度，保守党的席位由 1979 年的 60 席减至 1994 年的 17 席，工党的席位则从 17 席增至 62 席。英国于 1999 年选举实行比例代表制后，波

动有所缓和，保守党的席位恢复到36席，工党29席，自由民主党10席（1994年该党得票更多，但只获得2席）[1]。

因为其他所有国家都实行比例代表制，各主流党派间的均势相当稳定，中间偏右党派与中间偏左党派均不能占多数，因此必须有中间党派间的大联合来保证立法或预算表决上的多数；这对于在日益重要的共同决策程序下修改或否决委员会的措施尤为必要，因为该程序要求314票的绝对多数票。欧洲议会具有完备的小组委员会制度，各个小组委员会负责在相关的联盟活动领域中拟定议会的立场和对委员会成员进行质询；小组委员会也倾向于支持一致议决。但尽管如此，自1999年选举以来，议员的左派与右派之分更加明显。

尽管议会在行使目前已相当大的立法权与预算权上有不俗的表现，参加投票的选民数量却在逐次下降，从1979年的63.0%减少到1999年的49.4%。这是因为：在成员国内参加投票的选民数量呈普遍下滑的趋势；同时，在20世纪90年代，人们对欧盟的支持率普遍下降。而另

1　按照英国的选举制度，议席分配到选区，实行得票最多的党的候选人当选的制度，因此就全国而论，各党的得票与席位并不成比例。

外也可能是因为欧洲议会一直格外受到媒体挑剔的和简直是恶意的（尤其是在英国）指责：主要也怪议员自己不争气，没能在他们的经费控制上建立完备的制度，以及因为各国政府未能达成一致的缘故，议会在布鲁塞尔与斯特拉斯堡各有一座耗资巨大的大厦，议员们在两地之间穿梭往返。而且人们或许并不知道，在缔结《马约》与《阿约》之后，议会权力有了多么大的增长。

凭借《单一法令》引入的合作程序到后来《马约》推出的共同决策程序，议会从最初纯粹的咨询作用发展出了立法功能，并通过《阿约》将其立法权扩大至覆盖一半以上的立法。早在 1989 年，议会就已经可以运用合作程序的影响，在更加严格控制小型汽车废气排放等事务上取得成效。有了共同决策程序，议会的权限进一步扩大，包括可以对理事会施加限制，阻止它利用由各国官员组成的小组委员会来控制委员会执行共同体政策的趋势进一步扩大。议会还利用其对联系协定等的批准权，制裁土耳其侵犯人权的行为，以及为巴勒斯坦被占领土向共同体出口确保更为有利的条件。

按照公众很难理解的典型的欧盟术语，欧盟预算开支

图 11 当选议员正在工作：欧洲议会开会。

被区分为“强制性开支”与“非强制性开支”两类。前者被晦涩地定义为“由本条约或由根据本条约而通过的法令所必然产生的开支”，而事实上是为了规避议会对农业开支（被法国认为事关重大国家利益）的控制而专门制定的，议会实际上也竭力设法限制这部分预算开支的增长。虽然议会对强制性开支的权力有限，但它在非强制性开支上比理事会更具支配权；随着结构性基金的扩张，非强制性开支现在已占整个开支的一半以上。议会利用其权力的例子之一是在中东欧国家摆脱苏联控制后，增加了欧盟对这些国家经济改革的援助力度。

议会享有部分预算决定权是民主管理的必要组成部分，但它最大的作用是监督资金的使用。议会除了有权审查委员会的行政与财务活动外，还行使着“放行”权，即依据审计院报告通过或否决委员会对上一年度预算的执行情况。通常，议会如果不满意，它会不予放行，直至委员会承诺满足其要求。例如，它在1992年拖延放行1990年决算，直至委员会同意分派50名议会工作人员参加一个反欺诈小组。但在1998年，议会在拖延放行1996年决算后仍不满委员会的应答，便任命了一个高级专家小组作更详细的调查。专家们提交了一份有关委员会管理不善和某些腐败情况的令人震惊的报告；预见到议会会行使其解职权[1]，委员会在1999年3月集体辞职。

议会而后又行使了《马约》和《阿约》所赋予的新委员会任命权：它先是充分利用任命委员会主席的权力，在批准各国政府提名的罗马诺·普罗迪为委员会主席前和他进行面谈，以确保他不仅是主席一职的合适人选，而且会如议员们所希望的那样实行改革与制定政策；然后在批准

1　根据《欧共体条约》第201条，议会可以以超过议员人数半数以上的三分之二投票数，通过谴责案，迫使委员会集体辞职。

任命整个委员会前，它又与其他委员人选逐一面谈。普罗迪与绝大多数委员会委员接受了议会的主流意见，使得新委员会与新议会间的关系有了一个成功的开端。

议会只在约一半的立法与预算事务上与理事会平分权力，但在限制委员会上它已证明自己要比理事会成功得多。因此可以说，议会是在接近于履行一个联邦众议院通常履行的立法与监督执行机构的功能。理事会则有些像一个参议院，只不过五分之一的立法仍需要全体一致议决，其立法会议不对公众开放，而且它还保留了与其立法功能不相称的执行功能。

经济与社会委员会、地区委员会

除议会与理事会外，共同体还有两个咨询机构：经济与社会委员会（Ecosoc）和地区委员会。在条约明确规定的某些事务上，委员会与理事会必须与之商议；在其他任何事务上，委员会、理事会或议会可以与之商议；它们还可以主动地发表“意见”。二者均有 222 名委员，由各国提名，由理事会任命。《尼斯条约》规定，当欧盟成员国扩大至 27 国时，委员可增加到最多 344 名。

经社委员会的委员代表了广泛的经济与社会利益，而地区委员会的委员则是地区与地方机构的代表。二者公布的报告相当有价值，但并不总是那么有影响。但随着德国各州在共同体事务中已经发挥影响，以及地区代表在其他成员国的力量不断增长（苏格兰议会与威尔士议会是其典型），地区委员会很可能会在将来取得更大的影响。

欧盟委员会

尽管今天的委员会还不是莫内所构想的联邦执行机

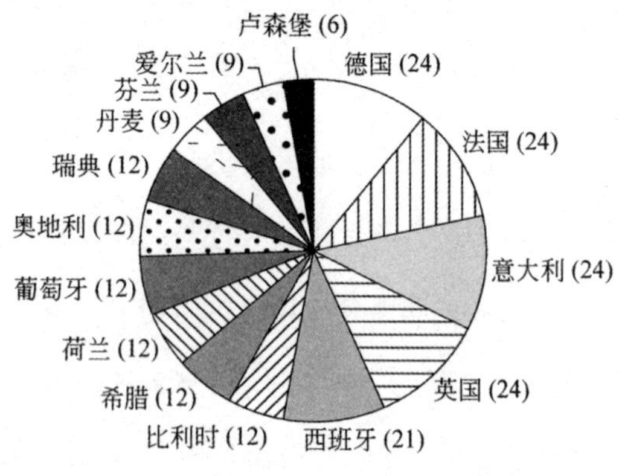

两个委员会各 222 名代表

构，但因为拥有“立法动议”权以及执行共同体政策和作为“条约监察者”的功能，它已远远超越了一个国际组织的秘书处。

《罗马条约》赋予委员会以立法动议专权，即向议会与理事会提交立法提案的专权。与由成员国政府来提出立法相比，这样更能保证法律以共同体及其公民的普遍利益为基础；同时这也保证了共同体立法方案更具连贯性，而这不是功能繁杂的成员国政府或理事会所能做到的。掌握了这一权力的委员会在早年常被称为“共同体的发动机”。委员会的权力在20世纪60年代受戴高乐的猛力打压而被削弱，权力的天平向理事会及1974年成立的欧洲理事会倾斜。但委员会依然有其关键性作用：既要提出具体措施供理事会与议会议决，又要提出综合性的一揽子政策建议并经由轮值主席使建议在欧洲理事会通过。后者的突出例子是欧洲理事会在1992年英国主席任期内通过的德洛尔一揽子预算改革计划，以及在1999年德国主席任期内通过的、为筹备东扩而对共同体政策进行改革的“2000年日程”。因此，委员会依然可以是欧盟发展的发动机。

委员会还被称为“监察者”，因为它必须保证共同体条约与法律得到施行，尤其是在成员国中得到施行。一旦掌握了成员国违背法规的证据，它就必须向有关国家提交“合理的意见”；如果后者未作应对，委员会可以将其诉诸法院。1999年，当法国政府拒绝接受共同体关于英国牛肉已可安全食用并应许可进口的决定时，委员会就这样做了。由于工作积压，法院可能要两年以后才能作出裁决；但一旦裁决法国存在过错，法院可以对它处以适当罚款。委员会还负责共同体法律与政策的施行，不过很大一部分是委托成员国政府或其他机构执行的。

为了保证委员会为共同体的普遍利益而工作，条约规定它必须“毋容置疑地”独立于任何外部利益；委员会委员在就任时必须就此作出“庄严承诺”。委员会现有20名委员，法国、意大利、德国、西班牙和英国各有2名，其他较小的国家各有1名。[1]尽管条约规定委员会委员由各国政府“共同协议”任命，但以往一直是由各国政府自行任命并被其他国家接受。但现在，委员会集体任命在得到议会批准前，还需取得委员会新任主席的同意。这样，委员会委员的选择要经受新的影响。

1 现为27名，即每个成员国1名。

和理事会与议会一样，即将到来的欧盟的扩大使得人们担心委员会规模愈大，工作效率愈低。为此，《尼斯条约》规定从 2005 年起每个成员国限提名 1 名委员。但进一步减少委员数量的提议受到较小国家（如爱尔兰）的坚决反对。它们的理由是：虽然委员会委员不是被委派来代表本国利益，而是为整体利益服务的，但委员们如果对不同国家的国情与政治文化没有足够的了解，他们就无法为此利益服务。将对各国的了解运用于工作中和促进各国利益之间或许存在细微的差别，但改变委员会委员数量需要就修改条约取得一致同意，因此当时只就在相当遥远的未来欧盟扩大为 27 国时应该做的事达成了协议:《尼斯条约》规定届时将作出决定，将委员会委员的人数限制在 27 名之下。

将委员会委员的人数减到少于 1 国 1 名并非是保证效率的唯一途径。政府的最上层，如英国内阁，通常有 20 多名成员，有时甚至超过 30 名，但它还是能运转，因为首相有权指挥其他成员。《阿约》使委员会朝着这个方向推进了一些，使其主席有权和各国政府共同参与其他委员的提名，并对其他委员行使“政治指导”以及分派与调整

图 12 1999 年新委员会的首次会议：普罗迪主席畅怀一笑。

他们的职责；《尼斯条约》则不仅授权主席分派和调整其他委员的职责，还授权他任命副主席，以及“在取得委员会的集体同意后”将某位委员免职。

在条约术语中，“委员会”意指其 20 名委员[1]，但它平时还用来泛指委员会的全体工作人员。但不管是指 20 名委员还是指 16,000 名工作人员，一般不会令人混淆；而且尽管有些随意的说法称它为臃肿的官僚机构，但它所雇用的人员数量要少于许多地方政府。

鉴于特定多数表决现在适用于大部分立法，独有的

1 现为 27 名。

立法动议权使委员会在立法过程中占据了重要的地位。理事会可以修改委员会的提案文本，但必须取得全体一致同意；这对委员会有利而非不利：尽管委员会通常倾向于照顾各国政府的愿望，但它可以借此在它认为重要的事务上更好地抵制各国政府的压力。

委员会很好地行使了它的立法职能，但它的执行效能却受到了严厉的批评。很大一部分指责是不公平的，因为事实上执行权是委托给成员国的。这本是一个不错的原则，在德国的联邦体制中得到了很好的贯彻——由州政府负责执行联邦的绝大多数政策。但德国联邦政府有权保证州政府执行不怠，而成员国却倾向于抵制委员会的监督。问题的出路当然不是给布鲁塞尔以更多直接的执行权，但应该有足够的委员会工作人员来进行监督，而且委员会应该能更有力地保证共同体立法在各国得到不折不扣的执行。

委员会在执行竞争政策等方面有上佳的表现，在这些领域内它有权自行其是，而且尽管缺乏人手却干得不错。然而在缺乏称职人员的情况下被要求进行的开支计划管理中，或是由于其本身工作的失误，或是由于受雇的咨询人员的失误，出现了严重的缺陷，得出的结果有时很糟糕，有些甚至是虚假不实的。此类缺陷以及由于管理不当和缺乏财务责任感而引起的问题等，受到了导致委员会 1999 年辞职和要求新委员会进行彻底行政改革的那份报告的批评。

罗马诺·普罗迪和负责此项改革的委员会副主席尼尔·金诺克所面临的，是成立 40 年来几乎没有什么变化的一个体制，这个体制一直受到各国政府要求任命其本国公民担任某些特定的高级职务的压力，以及雇用人员工会抵制变革的压力。普罗迪和金诺克提议的改革包括：改变聘用、培训、提升与惩戒程序；在委员会内新设一个审计小组，以保证资金的正当使用；成立一个“机构间小组委员会”来监督委员会、理事会与议会内的行为标准。

普罗迪显示了足够的勇气提出，委员会是一个欧洲政府。但“欧洲政府”这种说法在多大程度上是正确的呢？在共同体的权限范围内，它的立法动议权使之像是一个政府，甚至因其独享此权利而超越了政府。但在特定多数表决而非简单多数表决适用的场合，尤其是在全体一致议决程序适用的场合，它对立法动议权的行使受到理事会的限制。然而，在这一方面，委员会与政府的差别与英国相比要大些，与那些实行联合政府协商一致的国家相比则要小些。委员会的执行功能则受到理事会与“小组委员会制度”的限制；除此之外，它在原则上与德国联邦政府差别不大，不过事实上德国政府在强制州政府恰如其分地执行政策上拥有更为有效的手段。实际上，委员会与政府的一个关键性区别，在于前者并不掌握任何强制执行的具体手段。此外，它在整个外交政策中只扮演一种次要的角色，在防务上则几乎全无作用。不过，除了这些差别，委员会与政府也有重要的相似之处。

法院

法治是欧共体成功的一个关键。在其权限范围内，法律体制而非相对的权力日益制御着成员国之间的关系，也同样制衡着欧盟公民。这确立了“法律的确定性”并被企业界人士所赞赏，因为它大大减少了交易的风险。政治上，它有助于创造一种使成员国之间的战争不可想象的全新的环境气氛。

共同体法制的最高层是法院，条约要求它保障由条约本身以及各机构依据条约而制定的立法所构成的“法律”“得到遵守”。

每个成员国各有 1 名法院法官，他们由成员国共同协议任命，任期 6 年，具有“毋庸置疑的”独立性。法院本身裁决那些诸如关系到共同体法令合法性的案件，以及委员会对一成员国或一成员国对另一成员国提起的、关于不履行条约义务的诉讼。但绝大多数涉及共同体法的案件是由个人或公司对其他法人或政府提起的诉讼；此类案件由成员国的法院审理，只有当成员国法院要求共同体法院就某个法律要点作出解释时，才提交到共同体法院。

图 13 法治：法院开庭。

法院最重大的裁决是在20世纪60年代作出的。当时法院决心如条约所要求的那样，保证法律得到遵守。首先是根据共同体法的至高无上性，必须保证共同体法在所有成员国得到相同的执行；因为如果与共同体法相背的国家法律凌驾于共同体法之上，则共同体法将逐渐土崩瓦解。其次是根据共同体法的直接适用性，规定个人可以根据条约直接向成员国法院要求他们的权利。然后法院在1979年就第荣卡悉案的裁决，确立了在被认定为可接受的前题下“相互认可”成员国产品安全标准的原则，大大减少了在共同体一级制定具体规则的需要，从而为单一市场计划奠定了里程碑。1985年，法院要求理事会履行其条约义务，通过自1968年以来一直搁置的共同运输政策；理事会及时照做了。

迄今法院已作出5,000来项裁决，而送审案件之多使之很难不延期两年再作出裁决。为帮助解决此问题，建立了一个“一审法院”，审理几乎所有由个人或法人提出的、主要是和竞争政策相关以及和共同体机构与其雇员之间争端相关的案件。但这只是缓解了而并没有扭转待审案件不断增多的形势。

诉讼当事人可以就法律要点对一审法院的裁决向法院提起上诉（此即所谓“一审”），但对法院的裁决不能再上诉，因为法院是共同体权限内事务的最高司法当局。不过裁决的执行却有赖成员国的执法机构。由于绝大多数根据共同体法作出的裁决是由各国自己的法院作出的，这就形成了后者执行共同体法的习惯性做法。因此，即便有时成员国在服从与之不利的裁决上有诸多拖延，还从来没有发生过拒绝执行法院本身所作裁决的情况。

法院的司法权几乎完全局限于共同体权限的范围之内，以及和警察与司法合作这一“支柱”相关的某些事务。然而在此范围内，除去几乎完全要依靠成员国来执法这一情况，共同体的司法制度在很大程度上具有联邦特征。

辅从性和灵活性

1988 年在布鲁日发表的一次演说中，撒切尔夫人引起了人们对“于布鲁塞尔推行新统治的欧洲超级国家”的强烈恐惧[1]；向“中央集权超级国家”的“滑坡”，成了英

1 撒切尔夫人在《英国与欧洲：首相 1988 年 9 月 20 日在布鲁日的讲演》（伦敦：保守党政治中心，1988 年，第 4 页）中谈到了“一个欧洲超级国家”。

国的欧洲怀疑论者最喜欢引用的比喻。基于不同的出发点，对于将在德国联邦体制下属州政府主管的事务划归至欧盟权限范围的建议，德国各州政府也心存猜疑。事实上，许多联邦主义者觉得“一个日益紧密的联盟”的条约目标过于抽象，他们大都支持以“辅从性”原则为指导，确定什么是欧盟该做的，什么是它不该做的。该原则同时具有加尔文主义和天主教的渊源，要求职能范围较大的机构只行使那些职能范围较小的机构所不能行使的职能。根据此原则，条约要求共同体“只有在并仅限于所拟行动的目标非成员国所能充分实现”，以及（目标）“因其规模或影响而由共同体实现为好”的场合，才采取行动。

《罗马条约》含蓄地认可了此原则。它区分了两类共同体法令：对所有成员国“具有完整约束力”的“条例”，以及只就“所要取得的结果”具有约束力、而将“方式与方法”留待各国自己选择的“指令”。但这只是此原则很有限的应用，有时“指令”规定得十分具体，都没给各国留下多少余地。为此，《马约》对辅从性原则作了界定，《阿约》则制定了旨在保证此原则得到共同体机构贯彻的具体程序。有些联邦主义者觉得这还不足以防范过度的中央集权，建议条约应列出那些保留给成员国的权限。特别是由于德国的强烈要求，欧洲理事会在尼斯会议上决定于2004年召开另一次政府间会议，会议议程之一便是澄清欧盟与成员国间的权力分工问题。

对于究竟在哪些领域应该实施一体化，当然存在不同意见。这种分歧对《马约》产生了巨大的影响，例如英国决定不参加社会宪章与单一货币计划，以及丹麦决定不参加单一货币计划与共同防务计划。鉴于条约只能经全体一致同意才能修改，如果要将那些条款写入条约，其他国家政府就不得不接受英国与丹麦的退出。这使得人们对“灵活性”观念越来越感兴趣：让那些希望在一特定领域加深一体化的国家，能在共同体机构内继续推行其计划，或者换句话说，让少数国家选择不参加。这样做的目的之一是规避英国或丹麦的否决权，因为此两国强烈抵制进一步一体化。虽说1997年工党大选胜利后英国的政策有所变化，其他国家依然担心，大多数其他国家所认为的为准备向东扩大而必需的改革，会遭到英国与斯堪的纳维亚国家反对；同时人们还担心有些新成员国会不愿意或不能继续进一步一体化，或甚至无法有效地应对现有的一体化。

灵活性的概念在《阿约》中以“增强合作”的名义出现。联邦主义者偏好这个概念，因为它暗示着一批国家间更深程度的一体化；而欧洲怀疑论者则将灵活性看成是削弱整个共同体间纽带的途径。《阿约》规定，包括任何需取得全体一致同意的场合，如果一系列的条件得到满足，便可在共同体内实行“增强合作”；而《尼斯条约》则规定如能取得特定多数同意，8 个或 8 个以上的国家就可实行这种合作。

公民

《马约》首次提出了欧盟公民权利的概念，规定所有成员国的公民同时即欧盟的公民;《阿约》进一步提出，此两种公民形态是相辅相成的。《马约》规定了一些新的公民权利，例如：在符合某些特定条件的情况下，在整个欧盟内自由迁移和居住的权利；在其他成员国中参加地方和欧盟（不包括国家）选举和进行竞选的权利。这些是在条约已经保障的特定权利上新增加的；已经得到条约保障的权利包括：在共同体权限范围内，保护成员国公民不因国籍而受歧视；在有关就业等事务上，实行男女同等待遇。条约还要求欧盟机构如《欧洲人权与基本自由公约》所保障的那样，尊重基本权利。

在《阿约》缔结之前，还没有任何条约规定要求在成员国本国之内尊重基本权利。然而尊重这些权利的国家的公民，如果认为欧盟某个机构中有来自不尊重这些权利的国家的代表，则很难接受该机构制定的法律。而几个新民主国家不久将入盟的前景，促使成员国政府采取行动以防止这种可能性。为此，《阿约》申明，欧盟“建立在自由、民主、尊重人权与基本自由和法治等系成员国所共同尊重的原则之上”；它进而规定，一旦某成员国出现“严重和持续破坏”这些原则的情况，该国可以被剥夺条约规定的某些权利，包括表决权。

人们希望欧盟能采取更多措施以获得民众的支持。为此，在2000年政府间会议召开的同时，欧洲议会议员、成员国议会议员和政府代表召开了一个大会，起草了一份《基本权利宪章》。而一个主要问题是：声称这些权利受到侵犯的人们，是否可以诉诸法院？欧洲理事会尼斯会议对该宪章表示“欢迎”，但并没有将它纳入条约。

除了基本权利的问题，由于政府间因素与联邦因素间关系错综复杂，欧盟的管理体制使得决策困难，并使欧盟机构与公民间难以建立和谐的关系。然而，除非公民能在支持其本国政府的同时，也能对欧盟充分支持，各国选民可能会是一种导致欧盟瓦解的离心力。将来成员国扩大到20余国——可能最终有30余国——将使困难加剧。尽管2000年政府间会议达成的改革应该有所帮助，但除非有进一步的改革，否则，人们将对欧盟机构能否充分有效和民主地带领扩大的欧盟走向成功并获得公民的支持深表怀疑。

第四章

单一市场、单一货币

尽管成员国间的和平共处仍然是共同体的核心目标，但从 20 世纪 50 年代后 5 年开始，建立一个广阔的共同市场成为其行动的重心。美国经济的强大，就是这样一个市场成功的突出例子。德国人与荷兰人希望实现自由贸易；如果能同时建立有利于其出口的农业共同市场，法国人也愿意接受工业共同市场。

一个大的共同市场的理念在而后数十年中不断发展，因为它反映了各国经济相互依赖性不断增长的现实。随着科学技术以及随之而来的规模经济的发展，愈来愈多各种规模的企业要求占有大而稳定的市场；从经济的健康发展和消费者的利益考虑，市场规模也必须大得足以为那些甚至是最大的企业提供竞争余地。因此，随着欧洲经济的发展，欧洲经济共同体以废除关税为核心的最初的关税同盟计划，在 80 年代被单一市场计划所取代，并进而在 90 年代被单一货币计划所取代。

这 3 项计划各有其经济与政治动机：发挥经济合理性的好处，强化共同体制度以巩固成员国间的和平关系。这些计划的实施与结果也涉及经济与政治，这是因为，现代经济的一体化需要一个法律体制，从而需要共同的政治与法律制度。而且无论是在经济还是政治领域，它们单方面的成功都不足以使共同体持续发展，两方面的成功都不可或缺，而关税同盟与单一市场在这两方面都做到了。经济与政治动机的结合也保证了单一货币的顺利启动，尽管目前还不是所有成员国都已参与进来。

单一市场

在 20 世纪 50 年代，关税与配额仍然是贸易的主要障碍。那时，在美国主导的《关税及贸易总协定》的推动下，开始了降低关税与配额的国际化进程。但共同体成员国希望更进一步，因此建立了欧洲经济共同体的关税同盟，从而废除了相互贸易的关税与配额壁垒，并确立了共同的对外关税。

关税同盟、竞争政策

成员国间的关税与贸易配额在 1958 至 1968 年间被逐步取消。产业界作出了积极的响应，跨国贸易迅速增长，在 10 年间翻了一番以上。

虽然关税与配额是贸易的主要障碍，但它们并非仅有的障碍。共同体还被授权禁止私营经济部门限制性的做法与滥用优势地位。条约将此任务交付委员会，规定它可不受成员国政府的干扰；1989 年，委员会还被授权限制足以威胁到共同体内企业竞争的兼并与收购。拥有了这些权力，委员会采取了诸多行动来阻止反竞争的行为。1992 年，委员会对大众汽车公司罚款 1.02 亿埃居[1]（后来经上诉至一审法院，减至 9,000 万欧元），因为该公司不许其在意大利的经销商向外国人——绝大多数来自大众汽车价格高得多的德国与奥地利——出售其汽车。由于工作量太大，委员会最近在寻求将某些职责交还成员国的竞争管理当局。但企业团体力求阻止此举，因为它们觉得有委员会

1　埃居（欧洲货币单位）系欧元的前身，欧元的币值就是在埃居基础上确定的。埃居符号为 €。——原注

1986 年与 1996 年一些欧盟国家对制造业的国家补贴（*占GDP的百分比*）

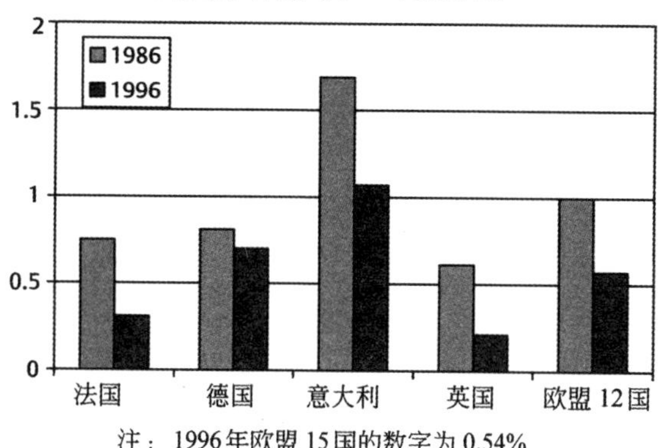

注：1996 年欧盟 15 国的数字为 0.54%

这个“综合服务站”更为方便。

不公平竞争的另一种形式是成员国政府向某个公司或某个行业发放补贴（按欧盟术语是“国家援助”），用以削弱主要竞争者的实力，动摇它们的优势地位。委员会被授权禁止此类补贴，然而限制政府比限制企业更为困难。委员会曾成功地对百般不愿的政府强制执行了某些困难的决定，但尤其是在 20 世纪 70 年代其权力被戴高乐削弱和经历经济严重衰退后，委员会很难控制补贴发放愈演愈烈的势头。

除补贴以外，非关税壁垒也在那些年蔓延滋生，成为成员国间贸易的主要障碍。这一方面是因为科技进步造成各国规则复杂且不同，但更为重要的是因为那些饱受普遍“滞胀”之苦的国家大力要求实行贸易保护政策。那时欧洲经济确实境况困难，“欧洲僵化症”生动地描绘了这一情境。人们希望找到摆脱困境的办法；委员会与重要的企业团体使各国政府相信，需要推行一项计划，以建成共同体内部市场。

1992 年前建成单一市场的计划

考虑到 20 世纪 60 年代消除内部关税获得了成功，一些企业界领袖与委员会委员就消除非关税壁垒计划作了构想。1985 年，德洛尔成为委员会主席时，他认定单一市场计划将是所有成员国政府都愿意支持的唯一的重大新计划：大多数成员国政府是因为此计划的经济利益，以及在经历了 20 年停滞后“重新启动共同体”这一政治目标而支持单一市场，而撒切尔夫人看中的则只是经济的自由化。不过她帮了共同体一个大忙，提名曾在其内阁中任贸易大臣并以才干著称的科克菲尔德勋爵为委员会委员，与德洛尔一起筹备此计划。

1985 年 6 月，德洛尔与科克菲尔德将此计划提交欧洲理事会。如果说 60 年代消除关税的计划可以在条约中以按百分比削减的方式来加以确定，那么消除非关税壁垒则必须有一项庞大的共同体立法规划。边界上的过境手续，以及因为标准与法令、因为公共采购和因为间接税中的不正常现象而造成的歧视，凡此种种都得予以解决。委员会发表了一份白皮书，明确规定需要制定约 300 项措施，并提出了在 8 年内完成此计划的时间表。计划得到了欧洲理事会的批准，并将在 1992 年底前完成此计划作为规定写入了《单一欧洲法令》。

《罗马条约》中禁止与进口配额“具有同等作用的一切措施”，其实已包含消除非关税壁垒的目标。因为全体一致议决的做法有碍立法进程，《单一法令》规定，对完成此计划所需的绝大多数措施，实行特定多数表决。委员会还通过发展相互认可原则——法院经由第荣卡悉案裁决确立的一个原则——以及将许多有关细节的决定权委托给已有的标准机构，减轻了立法负担。尽管如此，单一市场仍然是一个巨大的工程——无疑是世界历史上最宏伟的使贸易自由化的立法计划之一。

此计划获得了非凡的成功；20 世纪 80 年代后 5 年成

为共同体的经济复兴时期。尽管人们无法肯定其中多少应归功于单一市场计划，但经济学研究认为它至少起了部分作用。通过使人们对企业预期树立信心和刺激贸易，加之由跨国合并浪潮诱发的结构改革，此计划肯定对经济复苏作出了贡献。工业欠发达的国家，如希腊、葡萄牙、西班牙，以及当时的爱尔兰，担心更为强大的竞争对手会给它们带来损害，经过努力将结构性基金翻了一番，以帮助它们进行调整；在结构性基金与共同体经济扩张的支持下，这些国家从单一市场计划中也得益甚多。

非关税壁垒

在共同体建立时，主要的贸易壁垒是关税与配额。《罗马条约》规定要在成员国间贸易中将之废除。该条约还禁止“具有同等作用的措施”，即通常被称为“非关税壁垒”（NTBs）的其他障碍——它们可能并非专门用于限制贸易，但实际上会具有这种作用。这些壁垒包括不同国家对商品与服务的各不相同的标准或规定、对商品与人员的边境控制、一些歧视性间接税、公共采购当局与国营企业的民族偏好等。该条约还规定控制政府对企业或个别行业的补贴，以防止对其他国家更具竞争力的企业构成不公平竞争。

随着技术的进步和经济的复杂化，非关税壁垒激增；在 20 世纪 70 年代的经济衰退中，政府将这些壁垒和补贴作为贸易保护措施。这促成了通过大量的立法来解决非关税壁垒问题，从而建成单一市场的计划。虽然在有些行业非关税壁垒尚未完全消除，此计划的绝大部分已如期在 1992 年底前完成。

政治上，单一市场深得从联邦主义者到欧洲怀疑论者的各个派别的嘉许。正如条约中有关辅从性原则条款所说的那样，它堪称一个范例：其目标“因规模的缘故……由共同体来实现为好”。此计划的立法体制为厂商保障了一个巨大的市场，并向消费者保证了厂商间合理的竞争。委员会、理事会和议会，也因其硕果——包括大量如术语所表述的“共同体法律”——巩固了它们的地位；法院的作用也因此而加强了。

单一市场计划已基本完成，但仍有一些重大的欠缺之处。大多数成员国在消除公共采购中的歧视上进展缓慢；在 2000 年，在一些重要的经济领域，包括空运、电力、电讯与金融服务等，仍然存在某些歧视性法规。但尽管法国依然不愿为完成空运和电力单一市场确定日程，欧洲理事会在 2000 年 3 月同意，分别在 2001 年年底前与 2005 年前完全开放电讯市场与金融服务业。而金融服务业在 1992 年计划进程中已实现了重要的自由化，包括走向单一货币的关键性环节——资本的自由流通。

单一货币

货币联盟要求各种货币可以在成员国间跨国界自由流通，并废除它们间的汇率变动。单一市场计划实现了第一个要求，而汇率机制则为第二个要求奠定了基础。

汇率机制与货币稳定

汇率机制（ERM）[1] 是在经历了 20 世纪 70 年代建立货币联盟的尝试失败后于 1979 年建立起来的，它要求各国中央银行在货币市场上进行干预，以使它们的汇率波动保持在很小的范围之内。到 80 年代末，它通过以德国联邦银行为基础，在保持货币稳定上取得了巨大的成功。英国

1 汇率机制是 1979 年建立的欧洲货币体系（EMS）的组成部分。该体系以篮子货币“埃居”为核心，各成员国货币对之建立相对固定的汇率并确定可波动的范围，当其货币的市场汇率超出此范围时，该国中央银行有义务进行干预，使之回复到波动范围内，此即所谓的汇率机制。

在开始时再次游离于外，却在1990年加入进去。但是由于英国汇率水平过高，而且缺乏上个10年的合作经验，1992年9月的货币大波动迫使英镑在被称为“黑色星期三”的那个日子退出汇率机制；货币一体化也因此而成为许多英国政客不堪回首的话题。

汇率机制对其他成员国产生了相反的效果：尝到了汇率稳定的甜头，大多数政治家和商业机构都赞成单一货币，连工会亦大多如此。有了汇率机制，汇率兑换的成本将可省去，而这笔费用估计每年达130亿至190亿埃居，对个人与小企业是格外沉重的负担。不过汇率机制给经济带来的主要好处在于消除汇率波动的较长期风险：它将绝然地消除汇率风险，不仅是贸易方面的汇率风险，而且最重要的是在跨国投资方面，以及那些有赖于能毫无风险地进入整个欧盟市场的企业的汇率风险；而这两方面对欧盟经济的活力有着愈来愈重要的作用。

几乎所有国家的政府都支持单一货币计划，反映了它们对共同体的长期立场。法国对这一计划最为支持，因为法国不仅对汇率的稳定有着传统偏好，更渴望分享欧洲中央银行控制权，以部分收回事实上由德国联邦银行行使的货币自主权。另外，法国早就希望让欧洲有能力挑战美元的世界霸权。同时在1990年，单一货币已成为法国将德国控制在统一的欧洲的政治计划中的最重要一环，是法国对德国统一作出反应的迫切需要。除了丹麦与英国，其他成员国都认可单一货币的政治与经济需要。不过对德国人来说，尽管为取得法国认可其统一而接受单一货币的政治动机是决定性的，但对于用一种尚未得到验证的货币来取代已十分强硬和稳定的马克，他们仍有保留意见。

德国联邦银行在保障货币稳定上的成功显示了德国货币方案的优点，因此其他国家政府同意接受德国模式的货币联盟。而对放弃马克存有疑虑的德国人来说，这是一个先决条件。他们还仍然坚持认为单有货币联盟还不够，还需要有“经济联盟”来制定有益于货币稳定的宏观经济政策。

经济与货币联盟的目标

《马约》在规定建立经济与货币联盟（Emu）的同时，还确立了欧洲中央银行（ECB）如同德国联邦银行那样是完全独立的。欧洲中央银行与各国的中央银行一起，组成欧洲中央银行体系（ESCB）。欧央行的6位执行理事与其他央行行长，组成欧央行[1]的行长理事会。欧央行体系中的这些银行以及它们决策机构中的所有成员，均不得接受任何其他机构的指示。虽然欧央行体系的“首要目标”是“维持价格的稳定”，在服从此首要要求的情况下，它还应支持共同体的“总体经济政策”。欧央行拥有授权发行纸币和批准成员国造币厂铸币数量的全权。为满足德国的偏好，单一货币被命名为“欧元”，而非听来像法语的“埃居”。

为了确保只有那些达到货币稳定的国家才能加入欧元区，条约制定了5项“趋同标准”，涉及通胀率、利率、预算赤字上限、公共债务总额上限，以及汇率稳定性。例如，预算赤字不得超过GDP的3%，公共债务被限制在GDP的60%，除非它正在“充分下降”并“以令人满意的速度”接近60%的限度。只有达到这些标准的国家才被许可参加，而且也确定了阶段与时间表，以保证至少有最少数量的国家有时间来达到这些标准。未达标的国家获得“豁免”，直至达标；而英国与丹麦通过谈判获准可选择不参加，直到它们愿意参加为止。

1 应该是欧洲中央银行体系的行长理事会。

在第一阶段，所有国家都得接受汇率机制——英国曾短暂地加入，但很快就被市场调节作用驱赶出来。在第二阶段，这些国家得在实现趋同标准上取得足够进展。第三阶段从 1999 年 1 月开始，将确定参加国货币的“最终固定汇率”，从而在 2002 年前实行单一货币。在毋需使用纸币或硬币之处，可使用欧元进行结算，并且欧元将在 2002 年完全取代参加国的货币。

参加国家与不参加国家

在制定趋同标准时，人们曾料想除英国与丹麦外的 13 个没有选择退出的成员国中，大约有六七个国家会在 1999 年前达标。结果，大多数国家参加欧元区的决心是如此之大，达标的竟有 11 个国家：不仅包括奥地利、比利时、芬兰、法国、德国、爱尔兰、卢森堡、荷兰、葡萄牙、西班牙，出乎所有人意料的是意大利也在普罗迪总理的领导下达标。意大利是所有成员国中最赞同联邦主义的，担心被排斥在如此重要的一个发展之外促使从政者们都相应行动起来，以适应新情况。希腊是不得不接受“豁免”的唯一国家，但它也决心达标，并在 2001 年 1 月 1

经济与货币政策机构
货币政策
欧洲中央银行体系
各国
中央银行
各国
中央银行
欧洲
中央银行
各国
中央银行
各国
中央银行
年度报告
欧洲议会
与理事会
经济政策
委员会
部长
理事会
(Ecofin)
经济与
金融委员会
12国
欧元区
成员国
不参加
国家
参加国家

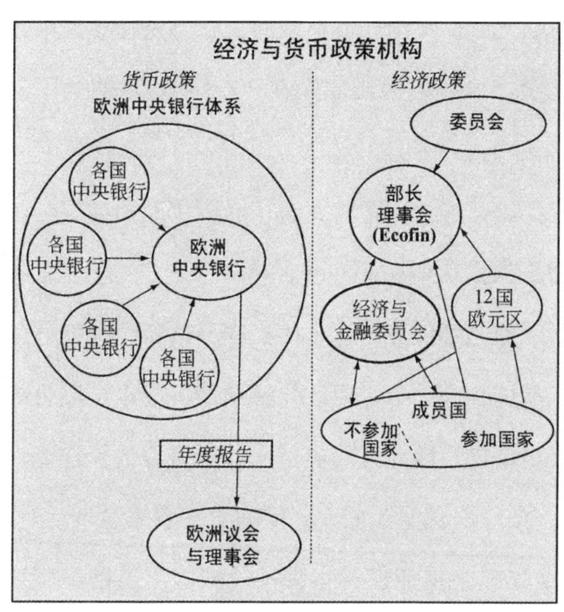

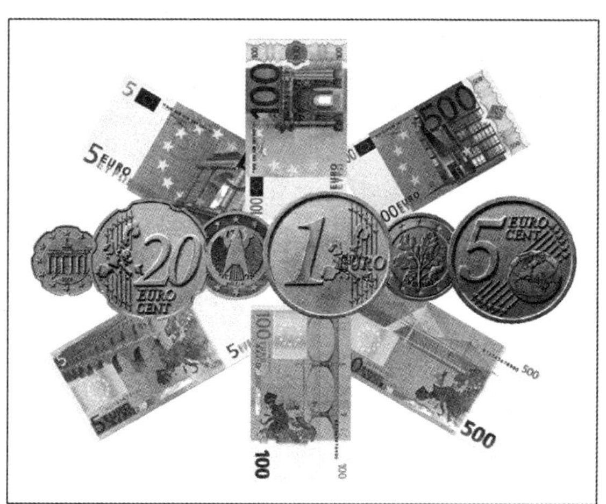

图 14 欧元：纸币与硬币。

日加入欧元区。英国和瑞典政府仍然准备将参加与否的问题付之全民公决，而丹麦则在 2000 年 9 月的全民公决中以 53% 对 47% 拒绝加入。

在英国，加入问题曾引起了激烈的政治冲突。撒切尔夫人在下议院大呼“不……不……不！”，充分表达了她的情感。她的继任者约翰·梅杰在马斯特里赫特通过谈判选择不参加，而 3 个主要政党都承诺，要以全民公决来决定是否申请加入欧元区。虽然一些最资深的保守党人决心“在经济条件成熟时”加入，保守党却愈来愈持反对态度；自 1997 年以来担任反对党领袖的威廉·黑格，更是推行在下届议会任期内（大选最迟将在 2002 年 5 月举行，但可能会提前至 2001 年举行）保守党政府将不会寻求加入欧元区的政策。

民意调查显示公众对欧元也有颇多怀疑。工党新政府在原则上赞同加入，但要满足它的 5 项条件。其中 3 项是对英国投资、对金融服务业与伦敦城，以及对经济增长、稳定与就业的预期影响。第四项是成员国经济具有足够的灵活性，可以不用调节汇率即可作出必要的调整，从而使经济与货币联盟获得成功。第五项是英国经济周期与欧元

布朗 5 要点

1999 年 1 月欧元启动后的英国政府声明：

“《马约》许可英国选择是否和何时加入单一货币。本政府已确定，英国经济尚未作好在 1999 年 1 月 1 日加入的准备。但如果它符合国家经济利益，本政府支持加入单一货币的原则，但预计不会在本届议会任期内实现。然而，本政府正作出必要的准备，以期我们可以选择在下届议会任期（不迟于 2002 年春季开始）初期加入单一货币。如果政府决定英国加入，英国人民将在全民公决中拥有最终发言权。”

政府将如何决定呢？

英国没有在 1999 年 1 月 1 日加入经济与货币联盟。未来某个时候加入单一货币的任何政府决定，将基于国家的经济利益。政府将审视下述问题：

- 加入经济与货币联盟是否会为企业在英国投资的长期决策创造更好的条件？
- 采用单一货币会给我们的金融服务业带来怎样的影响？
- 商业周期与经济结构是否相容，使我们与欧洲其他国家可以在欧元利率固定化基础上和谐相处？

- 如果发生困难，是否有足够的灵活性来应对？
- 加入经济与货币联盟是否有助于促进经济更高增长、稳定以及就业的持续增长？

区经济周期实现趋同。《金融时报》将前4项条件称为“论说题”，即只要愿意，政府便可作出肯定的回答；但“周期趋同”更具实质意义：为了避免对英国经济造成冲击，英国的利率必须十分接近欧元区的利率；英镑则应以可接受的汇率兑换欧元。

英国工业联合会与大多数较大型企业支持政府政策；英国工会联盟因担心被排除在欧元区外会对就业产生影响而希望尽快加入；大多数媒体则反对加入。不同主张的双方都发起了宣传运动。研究表明，由于将近60%的英国商品出口至其他成员国，有300万个以上的职位靠这部分贸易提供。因此亲欧元组织“英国在欧洲”有理由说，如果英国不采用欧元，这些职位的前景就不会那么好了，有些甚至会面临失去的危险。在英国的投资，特别是外国企业的“对内投资”将失去信心。英国在欧盟的影响会下降；反欧元的主张会使英国陷入退出欧盟的危险境地，给就业和经济带来灾难性后果。反对加入欧元区的运动“企业支持英镑”，则宣称它支持单一市场，但不支持单一货币。它称欧元区“一个尺码适合全体”的货币政策，不适合英国并会带来通货膨胀或通货紧缩压力，理由是英国的经济结构与欧洲大陆国家的差别太大。许多反对者将 1999 年欧元对美元汇率的下跌，看成是欧元存在根本性缺陷的证据。他们还批评欧央行的独立性是不负责任，并认为经济与货币联盟是朝着“中央集权超级大国”迈出的一步。这些观点大多涉及经济与货币联盟对所有成员国造成的普遍问题的某些特定方面。

经济与货币联盟所引起的问题

欧元诞生后，有 4 个重大问题需要处理：对欧盟及一些国家的宏观经济影响、对外货币关系、欧央行所负之责、政治影响。

有关经济与货币联盟对欧元区的宏观经济影响的争论，涉及的是防止通货膨胀和防止通货紧缩之间的经典二分法。正如在确定趋同标准时那样，德国马克的强硬和声誉保证了将防止通货膨胀纳入整个体系中。除了确立各成员国中央银行的独立性外，《马约》要求继续执行两个限制，即各国预算赤字不超过 GDP 的 3% 和公共债务不超过 GDP 的 60%。这些规定的好处是公认的；尽管英国与丹麦选择不加入欧元区，它们也同意这些规定应在所有成员国中实施。用辅从性原则来解释，之所以这样规定是因为一个国家的通胀行为，会通过影响其他国家经济而对别国产生“外部影响”；另一方面，为填补赤字而过度举债有抬升整个欧盟利率之虞。

除了英国、荷兰与奥地利，各成员国失业率在 10% 左右居高不下已有多年，同时经济增长率一直缓慢。因此，要求平衡反通胀政策与促进经济增长和就业的行动的呼声在高涨。这个呼声得到了在《阿约》最后谈判前上台的英国与法国的中间偏左政府的支持，因此《阿约》包含了有关就业的新章节，同时达成了一项《稳定与增长公约》。德国的中间偏右政府仍在主政，它坚持该《稳定与增长公约》应在反通胀上毫不动摇，规定在经济上扬时期预算赤字应该减少至零，对不能达到赤字与债务标准的政府可予以罚款。公约还对促进就业的行动作了规定，但主要是通过“规范”成员国措施的进展、而不是共同体本身的立法来行动。

不久，格哈德·施罗德取代赫尔穆特·科尔成为总理。在奥斯卡·拉方丹担任财政部长一小段时间后，德国新政府并没有终止其历来对价格稳定的热衷，但它开始倾向于更能刺激经济扩张的政策。欧洲中央银行行长维姆·德伊森贝赫是个强硬的反通胀主义者，他被要求将欧央行利率下调至他认为合适的程度以下；不过他反过来与委员会一起，要求各国政府通过削减赤字从而降低对资本市场的货币需求，来取得预期结果。虽然人们对宏观经济政策持有争论，但在拉方丹离职后并没有严重的分歧。

经济学家对有关可能出现的问题的讨论，许多涉及“不对称性冲击”的可能性，即单一货币对一些成员国可能产生各不相同的影响。较可取的应对方式是提供贷款，让这些国家有时间进行调整；为此，有人建议设立一个用于此目的的特别基金。就像在建立单一市场时那样，为了应对较强与较弱经济体间的较长期不对称性，共同体再次增加了结构性基金的预算，并设立了一项凝聚基金，用于支持跨欧洲运输基础设施与环境保护项目。

《稳定与增长公约》

欧洲理事会 1997 年阿姆斯特丹会议不仅就新条约达成一致，还通过了《稳定与增长公约》，以加强成员国公共部门财政赤字政策的相互协调。其中期目标是：预算“接近平衡或有盈余”。对赤字超过 3% 的上限而没能纠正的国家，除非它是由自然灾害造成，或由于经济衰退而引起实际 GDP 下降超过 0.75%，否则可以对之进行惩罚。其目的是避免一个或多个成员国由于财政管理不严，将通货膨胀与货币不稳定转嫁至整个欧盟。

如果理事会认定一成员国的财政赤字超过了 3% 的上限，并且不能以上述理由豁免，理事会可以建议该国最好应如何应对赤字。如果该国未能在 1 年内消除预算赤字，该公约“敦促”理事会要求它交付一笔无息储备金；如果两年后它仍未纠正过度赤字，该储备金将转为罚款。

同时，《阿约》还希望通过有关就业的新章节，缓解人们对失业问题的担忧（参见第 288 页加框文字）。

在英国，辩论则主要集中于成员国间在劳动力市场与产品市场灵活度上的不对称性，而这种灵活性被认为是在失去了汇率手段后的一种必需的调整手段。因此，成员国的这种充分的灵活性被列为英国政府决定是否参加欧元区的五条件之一，理由是成员国若不具备这种灵活性，欧元就不可能成功。撒切尔夫人的政府在 80 年代清除了这方面的许多顽疾。不过法国的经济增长率和德国的出口业绩仍然可观，与其他成员国一样，它们也开始进行结构改革。它们的经济状况似乎不大可能坏到无法应付调整问题。

人们还关注欧元区内经济周期的差异。适合于平均水平的利率，对那些通胀压力高于或低于平均水平的国家并不是最适合的；这一负面因素不利于保证所有成员国都从经济与货币联盟受益。不过认为英国经济周期应该紧跟美国、从而在结构上与欧元区平均水平保持差异的建议，并不符合下述事实：英国有将近 60% 的商品出口至欧盟，而出口至美国的只有 13%；同时，跨英吉利海峡的投资也一直在迅速增长。而且经济周期并非自然力量，以适度趋同为目标的政府政策是有可能对之施加影响的。

有人认为，1999—2000 年欧元对美元走弱反映了欧洲经济的根本性结构弱点。但美元与欧洲货币间的这种汇率波动，在早先年也常有发生。市场形势将会改变，各国央行将会决定增加欧元持有量作为其储备货币，从而使欧元朝反方向运动。根本性的问题是：如何创建一种如欧洲的汇率机制那样能够减少这种波动的国际机制？正如共同对外关税使共同体能够参与贸易自由化谈判，欧元的存在应使欧盟有机会在与美国平等的条件下，通过谈判建立这样的机制。不过，尽管在欧元内部管理上具有强有力的机构，执行对外货币政策的组织却比较薄弱。欧元使建立一个更加平衡的国际金融体系成为可能，而如果欧盟支持者准备这样做的话，他们必须共同行动。

由于应对中央银行的独立性对德国以外的所有其他国家都是前所未有的经历，于是出现了欧央行所负之责的问题。条约要求欧央行每年向共同体机构提交年度报告，行长必须亲自向理事会和议会陈述该报告，行长与欧央行理事会其他成员必须出席议会的有关小组委员会会议。此制度与美国的类似，不同的是多年来美国国会的联合经济政策小组委员会已成为一个强有力的机构，拥有巨额预算来为国会作出必要的经济分析和提供建议。欧洲议会的财政小组委员会显然也应该朝此方向发展。

这就带来了经济与货币联盟会对欧盟权限与机构产生何种影响的问题。常有人说，意义深远的税收协调将必须跟进。但辅从性原则规定成员国可自行选择它们自己的税收制度，除非这种制度对其他成员国具有“外部影响”。

为此，作为单一市场计划的组成部分，并得到当时英国保守党政府的同意，对增值税与特种消费税[1]规定了最低税率，以防止因某国采取过低税率而引起不公平竞争。经济与货币联盟进一步对会影响资本市场竞争的税收作出类似规定。但除此之外，并不存在协调税收的必要。倒是有必要设立一项基金，用于对付偶尔发生的由严重不对称性引发的冲击；同时很有必要改革机构，以使欧盟能执行有效的对外货币政策。但总的说来，欧盟已经拥有单一市场、单一货币，以及联邦体制下经济政策的主要手段——预算，它并不需要太多了。

另一个说法是经济与货币联盟将必然向联邦国家发展。但联邦国家必须拥有军权，而这并不会随欧元的采用而实现。防务一体化的理由不同，将在后面讨论。至于强化机构和使之更加民主化，则不管有没有单一货币，都是值得一做的；而且考虑到欧盟扩大的前景，为使欧盟能够满足其公民的要求和避免解体的危险，它们都将是必不可少的。欧元增强了体制改革的必要性，但远非这种改革的主要理由；即将到来的欧盟扩大才是紧要得多的问题。

1　指对烟、酒、燃料等消费品征得税收。

第五章

农业、地区、预算：得失的冲突

单一市场是个增量博弈。由于它提高了经济生产率，不管是通过增加消费量的形式还是减少工作量的形式，对绝大多数人都有好处。不过在大多数人获益的同时，总有一部分人因为开放市场竞争而吃亏，或者至少他们害怕会吃亏，他们可能会要求得到补偿才肯同意参加新的计划。这种补偿通常会对共同体预算产生影响；即便补偿与竞争综合起来对双方均有利，但看来总像是个零和博弈，造成付出者与接受者之间的冲突。第一个突出的例子是将农业纳入欧洲经济共同体的共同市场。

农业

在欧洲经济共同体建立之时，开放工业品贸易共同体市场是项相对简单的事务，只涉及分阶段废除关税和配额的问题。但对于创建一个农业共同市场，取消关税与配额只是问题的一小部分。所有的欧洲国家都以一些复杂的方式管理它们的农业，例如以补贴和价格支持来保障农民获得适当收入和保证食品供应的安全等。因此，要取代各成员国的农业市场，农业共同市场对共同体而言必然是复杂而难于管理的。如果只限于工业共同市场，事情会简单一些；但由于害怕德国工业的竞争前景，具有农业竞争优势的法国坚持共同体市场也必须对农业开放。

高价格与撒切尔的"把钱要回来"

后来制定了一项共同农业政策，通过对从共同体外进口的农产品征收可变税以及以支持价格收购和储存剩余农产品，将主要农产品价格维持在由农业部长理事会决定的支持价格上。农民的收入由消费者支付的高价来支持，而由高价造成的农产品剩余则由共同体纳税人来补贴。

由于共同体的 6 个创始国实行类似的制度，这些国家的消费者对农产品的高价习以为常。但从 19 世纪起就倡导自由贸易的英国人则习惯于低价食品，他们从美国和英联邦国家大量进口农产品，并对英国农民支付补贴，以将其农产品价格维持在世界低水平。英国加入共同体后实施的共同农业政策（CAP）使其食品价格随之上涨；在使消费者不满的同时，高食品价格还是英国与共同体预算发生摩擦的主要原因。这是因为，共同体价格和英国从海外大量进口的食品的世界市场价格之间的差价，作为农产品进口税收纳入了共同体预算收入，而预算的大部分开支被用于补贴欧洲大陆国家的农民，分给规模不大的英国农业部门的只有相对很少的一部分。随着过渡期的结束，英国对共同体预算的净贡献预计将上升至其国民收入的 0.75% 左右。因此，英国在加入谈判时与其他成员国达成协议：一旦出现“不可接受的情况”，应寻求“公平的解决办法”来处理问题。

但 1979 年撒切尔夫人成为英国首相时，并没有找到解决办法。她艰苦奋战了将近 5 年，以抵制共同体许多其他事务的方式试图“把我们的钱要回来”。1984 年，出头的日子终于到来：“黄油山”与“葡萄酒湖”等存货积累太多，其耗费之巨使共同体不得不提高从税收中提取收入的限额，而这需要所有成员国的全体一致同意。于是达成了交易，大家同意提高共同体从税收中提取预算收入的限额，并答应每年给英国相当于其对共同体预算净贡献三分之二左右的返回款。同时决定采取措施改革共同农业政策，不过那只是很有限的措施，因为人们关注的是给予英国的返回款和共同体的税收提取。

改革的阶段

共同农业政策继续蹒跚而行，囤聚着更多耗费巨大的剩余产品，直至1988年，预算再次告罄。这次，成员国的财政利益居先了。由于理事会各部门是按职能划分的，确定农产品价格的农业部长理事会决定了很大一部分共同体开支，对此财政部长理事会没有什么发言权。而由此造成的农业开支得由共同体的税收来支付，因此农业部长们事实上决定着公民向共同体缴纳的税率。建立财政控制已刻不容缓，欧洲理事会在1988年通过了德洛尔提出的一揽子措施，推出了一项“财政远景规划”，对1988至1992年这5年间共同体的主要开支项目作了限制；其中，农业开支的增长不得超过整个开支增长的四分之三。

尽管这部分缓解了预算上的冲突，共同农业政策仍然需要进行重要改革。到1992年，负责农业的委员会委员

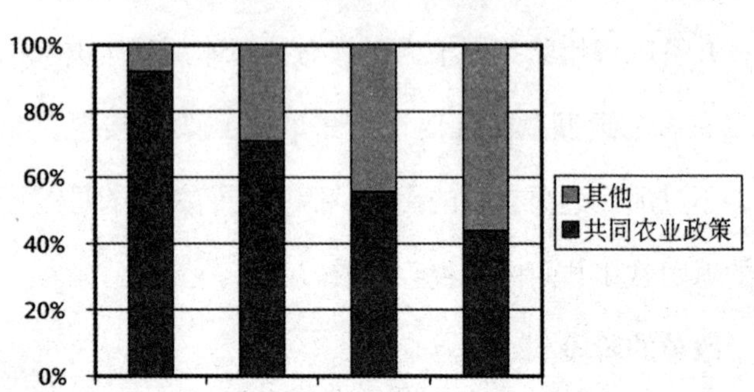

是爱尔兰一位前部长雷·麦克谢里。他迎难而上并智胜反对派利益团体，将对牛肉的支持价格削减了15%，对谷物的支持价格削减了近三分之一。农业开支水平并没有下降，因为这些开支转而对农民提供了收入补贴，包括对休耕耕地予以补贴。但这些措施消除了共同农业政策的扩张动力，并为进一步改革奠定了基础。

共同农业政策的费用仍然是共同体的一个沉重负担：一半的预算被用来补贴雇用劳动人口不到5%的一个行业，而且大部分是用来补贴少数较大和较富裕的农场主。另外，到20世纪90年代末，随着东扩的临近，欧盟将面对的前景是：如果继续执行欧盟的现行价格，庞大的农业人口可能产生农产品的巨量过剩。同时，新成立的世界贸易组织（WTO）的首轮谈判将讨论限制农业出口补贴；如果欧盟要想在一个世界自由贸易体制中促进本身的利益，它必须也要遵守WTO的协议。为此，委员会的白皮书“2000年日程”中所列的为欧盟扩大作准备的措施中，就包括共同农业政策改革的建议。然而1999年3月柏林欧洲理事会会议就“2000年日程”进行议决时，希拉克总统竭尽全力反对某些农产品价格削减建议；而为了避免损害法德关系的风险，施罗德总理设法让大家同意了少削减一些。虽说将谷物价格削减15%和在3年内将牛肉价格削减20%的幅度已经相当大，耗费巨大的乳制品管理体制却并没有被重视。欧盟仍需要进行新一轮的价格削减。

共同农业政策改革长期不到位，曾引起成员国间就成本收益分配的激烈争吵，而且这种状况还得持续一些年份。英国最初的关切反映了消费者、纳税人和提供必要出口市场的国际贸易伙伴的利益，而现在也变成了欧盟大多数公民的利益。但是英国人尤其是撒切尔夫人，总是出于本国利益来表述其理由；如果他们早些更加努力地让他们的伙伴认识到英国人的利益也是大多数欧洲人的利益，这个过程也许不会是那么痛苦而漫长了。

凝聚和结构性基金

“凝聚政策”是共同体预算的另一项巨大开支，它的经历比共同农业政策愉快。由于一些经济较弱的成员国担心会在共同体内的自由竞争中受损，在关税同盟、单一市场和单一货币建立后，共同体决定提供资金来帮助这些国家的经济发展，使它们能参与这些新事业并成为成功的伙伴：这就是“凝聚”的含义。

意大利与英国：社会基金与地区发展基金

这方面的最早的规定，是关于应意大利要求而写进《罗马条约》的社会基金。意大利经济是当时 6 个创始国中最弱的，意大利人担心会因贸易自由化而受损，希望设立一项基金来帮助其劳动力进行调整。他们的要求得到了满足，尽管只是在很小的范围内。

建立欧洲地区开发基金（ERDF）的动机有些不同。1973 年英国加入共同体时，它的经济状况已经落后于 6

个创始国，而且还可能因为共同农业政策而对共同体预算作巨额净贡献。英国存在地区发展问题并有较多的地区面临经济困难，而其他国家也有经济困难地区。通过谈判使英国加入共同体的爱德华·希思政府有一个很好的主张，认为一项地区援助基金既可以照顾共同体的普遍利益，还对英国有着特殊作用：不仅可以援助其地区发展，还可以减少其对共同体预算的净贡献。尽管此基金在英国加入后不久就建立起来，但那时它还少得可怜，产生不了多大影响，这部分是因为在 20 世纪 70 年代的经济困难时期，对于开销的协议更难达成一致；部分是因为德国作为共同体预算主要贡献者对进一步加大贡献越来越抵触；还有部分是因为大选选出的工党政府并不热衷于地区发展。

“结构性基金”这一称呼在于强调其目的不仅是为了资金的再分配，更是为了改善共同体经济较弱部分的经济状况。构成结构性基金第三部分的是欧洲农业保证与指导基金（EAGGF）的“指导部分”。该基金的保证部分用于向价格补贴提供资金，其重要性远远超过旨在帮助农民进行结构改革的指导部分。这 3 个结构性基金尽管最初规模很小，但都得到稳定的增长，并足以满足 20 世纪 80 年代共同体一次重大发展——向南扩大——的要求。

向南扩大与结构性基金

当西班牙、葡萄牙与希腊加入共同体时，它们的平均收入远低于除爱尔兰外的其他成员国。爱尔兰在 20 世纪 90 年代经济突飞猛进前，与该 3 国处于类似水平。由西班牙牵头的这 4 个国家，要求大幅增加结构性基金。它们的要求引起德洛尔的立时回应。在西班牙和葡萄牙即将加入之际，他正设法让政府间会议（该会议产生了《单一欧洲法令》）通过其单一市场计划。他十分热衷于社会公正的思想；同时，尽管各国政府对此的观点各不相同，但很显然这 4 个心怀不满的国家可能会对单一市场立法的通过带来麻烦。为此，《单一欧洲法令》包含了一项关于“经济与社会凝聚”的条款；德洛尔建议在 1988—1992 年财政远景规划中将结构性基金的预算翻一番，欧洲理事会接受了此建议。

在决定开始建立经济与货币联盟时，出现了一个类似的问题：这 4 个国家要求将结构性基金作类似的增加。这次，德洛尔做到了在 1993—1999 年的拨款中增加五分之二；同时，《马约》规定建立一项“凝聚基金”，以支持在环境保护和交通基础设施方面的项目。到 2000 年，结构性基金的预算达到 320 亿欧元。

结构性基金与目标

自 20 世纪 70 年代早期以来，共同体围绕一组基金和目标来制定其地区政策，但在 1999 年进行了改革。

结构性基金目前包括：

- 欧洲地区开发基金（ERDF）——主要基金，最近的年度预算约为 130 亿欧元；
- 欧洲社会基金（ESF）——用于工人再培训，每年 75 亿欧元；
- 欧洲农业保证与指导基金（EAGGF）的指导部分——用于农村地区的结构改革，每年 40 亿欧元；
- 渔业指导财政手段（FIFG）；
- 凝聚基金——用于较贫困成员国，由《马约》所创立，用于发展环境保护与基础设施项目，每年约 30 亿欧元。

开支集中于 3 个关键目标：

- 人均 GDP 低于欧盟平均值 75% 的地区——三分之二的资金用于此目标，涉及欧盟人口的 20%；
- 经历经济与社会转型的地区，或面临结构性问题的地区（如煤矿地区或造船地区），约有欧盟人口的 18% 从中获益；

- 不限定专门地区，支持教育、培训与就业政策的改革与现代化。

旨在通过增加结构性基金予以援助的 4 个国家，大都表现不俗。葡萄牙的经济增长超过了欧盟的平均值，爱尔兰更是如此，西班牙也很成功，希腊在经过若干年的经济衰退后也在 2000 年达到了《马约》规定的趋同标准。尽管说不清楚这种成功在多大程度上可归功于结构性基金，但鉴于在 20 世纪 90 年代中期，爱尔兰从中获得的援助相当于其 GDP 的 3% 左右，希腊与葡萄牙相当于 4%，西班牙相当于 2%，结构性基金的贡献不容忽视。

虽说结构性基金的目标主要是为了满足这 4 个国家的需要，集中于援助“滞后”地区的发展，但后来又增加了“衰退工业地区”，以取悦预算的主要出资国家——“北方”国家。随着乡间就业机会多样化成为共同农业政策改革的组成部分，“农村地区”也增加了进来。后又包括了“就业与工业改革”，以缓解在全球技术进步时代人们对欧盟竞争地位的担心。结果，结构性基金的目标地区包括了欧盟一半以上的人口，而不再集中于少数最困难的地区。而委员会“2000年日程”的目的之一，便在于减少资源的分散利用，使其用于一些重点项目。

为东扩作准备

当务之急是帮助中东欧国家作好入盟准备。随着大多数成员国成为预算的重要净贡献国，同时在实行欧元后公共财政面临压力，委员会不得不将其从欧盟税收中的提取维持在欧盟GDP[1]的1.27%之下。而以西班牙为首的结构性基金主要受惠国，坚决抵制其收益的任何削减。鉴于这种态势，1999年柏林欧洲理事会会议通过的财政远景规划将2006年前用于新成员国的资金增加到120亿欧元，即稍高于该年结构性基金总额的三分之一。这是否足够还很难说。第一批谈判加入的5个中东欧国家，其平均收入不足欧盟平均值的一半，而过去加入国家的平均收入均超过了此平均值的一半以上。第二批国家中，除斯洛伐克外，其余国家的平均收入都不足此平均值的三分之一。如果成员国间悬殊过大，欧盟将面临困难；结构性基金可能不得不分担至少部分压力。

1　似应该是“GNP”。

然而，与共同农业政策不同，凝聚政策迄今还是比较和谐的。这无疑部分反映了渗透在成员国政治制度中的社会公平原则，部分则说明了有许多人从中获益。但就整个共同体预算史而言，和谐并非重要的特征。

预算

农业开支现在占欧盟开支的二分之一弱，凝聚基金约占三分之一强；这两项具有巨大再分配作用的开支加在一起，占整个开支的五分之四。欧盟机构的行政开支占总开支的 5% 不到，其余部分用于支持一系列的内部与外部政策。预算之外的一项重要的再分配项目是用于削减英国净贡献的返回款，这由其他成员国直接支付给英国；1999 年的返回款为 31 亿英镑。

预算的整个开支在 2000 年为 896 亿欧元，相当于欧盟 GDP 的 1.13% 。除非得到所有成员国的批准，决定提高其限额，否则预算总额不得高于欧盟国民生产总值（GNP）的 1.27%。2000—2006 年的财政远景规划将每年的预算开支保持在欧盟 GNP 的 1.20% 以下。

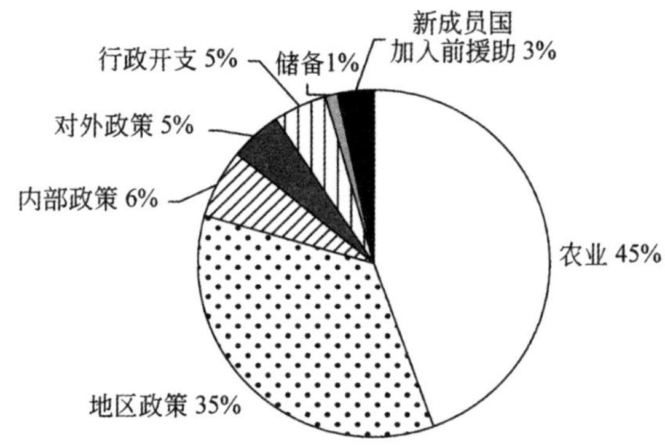

“自有财源”

与依赖成员国缴费的国际组织不同，欧盟从税收取得收入是条约的法律规定，并与其他条约义务一样，属于法院的权力范围。这是为了防止个别国家通过不缴费而胁迫欧盟。联合国的财政状况说明了此类行为的后果：它多年来因为美国国会拒绝批准支付美国应付款项而被削弱——颇具讽刺意味的是：恰恰是18世纪80年代美国一些州未根据《13州邦联宪法》规定缴纳应付款项，成为支持美国联邦宪法的有力理由。同样的理由影响了欧共体的创始人，使之将向共同体支付税收收入确定为法定义务。

倘若一成员国拒绝缴费，欧盟并没有具体的强制措施。但对于成员国而言，法治的重要性已足以令它们“遵纪守法”。

最初，欧洲经济共同体的税收收入在条约中被称为“自有财源”，以强调它们属于共同体而不属于成员国。“自有财源”包括关税和农产品进口税。但它们并不足以支付共同农业政策的开支，因此，共同体还被拨给一部分增值税收入——对所有商品与服务征收的增值税的1%。

反对提取这些间接税的一个重要理由是：它们给较贫困国家和公民带来了沉重的负担，使之比富国和富人要支付其收入的更高比重。为此，在1988年推出了第四项财源——各成员国GNP的一个很小的百分比。这个百分

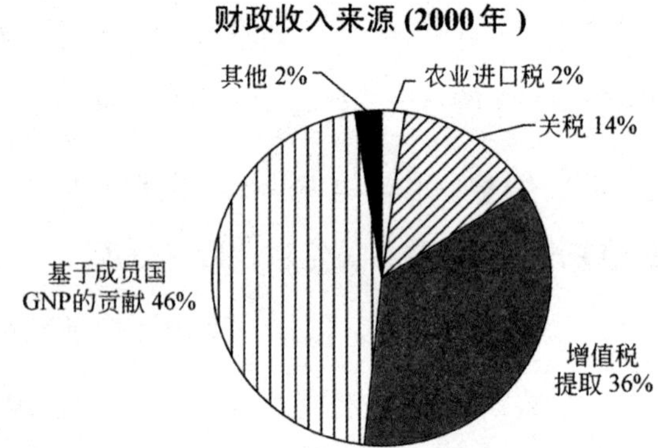

比与各国收入成正比；到 1999 年这部分收入约占欧盟收入的一半。然而，这种财政收入制度的整体结果仍然是倒挂的。

净贡献

西班牙、葡萄牙、希腊和爱尔兰对欧盟收入的贡献远远不及它们从凝聚政策与农业政策中获得的收益。而英国的情况远非如此，尽管其人均收入也低于欧盟平均值。这是因为英国的农业规模小，从共同农业政策获得的收益相对较低，而它对农业进口税的贡献却超过其他国家。尽管英国获得一笔返回款来抵消这个特殊的不利因素，它对欧盟预算的净贡献在 20 世纪 90 年代仍保持在其 GDP 的 0.3% 上下。作为从共同体获益甚多的富有国家，德国多年来心甘情愿地接受了作为最大净贡献国的角色。除此之外的其他国家直到 20 世纪 90 年代都是净收益国。但随着前民主德国并入联邦德国，德国平均收入下降，本国的预算不堪重负，它也日益不愿承担这个负担。荷兰的净贡献率与德国的相似，超过了 GDP 的 0.6%；在 20 世纪 90 年代，瑞典、奥地利与比利时和英国一样，净贡献率达到 GDP 的 0.3%—0.5%；法国与意大利则在 GDP 的 0.1% 上下。因此

各国的预算净支出或收益

(占 GDP 百分比在 1992— 1999 年的平均值，–表示净支出)

比利时	–0.31
丹麦	0.20
德国	–0.67
希腊	4.45
西班牙	1.07
法国	–0.12
爱尔兰	5.15
意大利	–0.12
荷兰	–0.60
奥地利 (1995—1997)	–0.34
葡萄牙	3.06
芬兰 (1995—1997)	–0.03
瑞典 (1995—1997)	–0.49
英国	–0.30

(资料来源："欧盟财政"，1998 年 10 月，附录 8，表 5)

抵制高净贡献率成了常态，而不再被看成是英国缺乏欧洲团结精神的个案。在英吉利海峡的这边，人们对这种变化或许会有些幸灾乐祸，但它是一种危险的发展。因为欧盟将需要保持团结，特别是它如果在即将到来的扩大后要继续保持其和平与繁荣的架构，它需要调拨资源来促进中东欧国家的一体化。预算的进一步改革肯定必不可少。

欧盟扩大之后，付给英国的返回款不可能按现在的方式继续下去。虽然英国政府曾明确宣布对此的任何改变将使其有理由行使否决权，但它必须注意到，净贡献给德国、荷兰、瑞典与奥地利造成的负担更为沉重。欧盟已经设想了一些分担负担的特别措施；欧洲理事会柏林会议决定将上述 4 国支付英国返回款的份额减少四分之三。但为了避免将来发生冲突，一种更加合理的制度不仅符合英国的利益，也符合普遍利益。在“2000 年日程”中，委员会提议将返回款变成它所称为的“全面纠正制度”的一部分，将纠正反常现象的范围扩大。

这种改革不大容易成功。1988 年，人均收入刚刚超过欧共体平均水平的意大利，即阻止了一项使富国比穷国支付更多的新财源的通过。1999 年，在欧洲理事会决定 2000—2006 年财政远景规划时，法国与西班牙成功地限制了农业与凝聚政策预算的某些变革，因为将资金用于即将到来的扩大势必削减它们享有的特殊利益；英国也拒绝接受削减其返回款，尽管其他国家的净贡献率已经超过了它。各国政府都得顾忌本国的公众舆论，因此自然不肯轻易放弃特权。但以往就重大一揽子预算方案作出的决定表明，改革不是不可能。

GNP 的 1.27% 的最高限额给欧盟充分的余地去做它目前必须做的事情，但我们完全不能确定今后是否会继续如此。财政远景规划为 21 国组成的欧盟确定了 1,035 亿欧元的开支限额（2006 年），或相当于欧盟扩大后预计的 GNP 的 1.09% 。这可能远远满足不了欧盟所有的需要，例如帮助中东欧国家在欧盟中正常运转，或者使欧盟能够尽到其日益重大的外交与安全责任。鉴于这些挑战，1.27% 的最高限额也许是不够的，更不用说财政远景规划中的规定了。现在就考虑预算改革的意义，并不为时过早。

第六章

社会政策、环境政策

欧盟被赋予某些权力，例如建立单一市场，因为这个市场规模带来的优势是单个成员国所不能企及的。其他的一些权力则旨在防止成员国相互造成损害，为此目的授权欧盟在环保领域制定政策被普遍认为是可取的。另一个例子是社会政策，但人们对欧盟在何程度上应对此领域采取干预有强烈分歧。

社会政策

社会政策在欧盟中的含义较英国人所普遍认为的更窄，它并不包括福利国家所关注的医疗、住房与社会服务方面的政策。各国对于此类公共事业的运作模式各不相同，反映了各自的政治与社会文化；而且人们普遍认为，这些差异的跨界影响并不足以证明需要欧盟干预。而在条约与欧盟术语中，社会政策所涉及的是与就业相关的事务，但在此方面各国间也有很大不同。然而由于就业状况更为紧密地关系到单一市场，欧盟被要求协调各成员国的就业政策，以防止较高标准国家的就业者因较低标准国家就业者的竞争而受到损害。

这方面的第一个例子是《罗马条约》中有关同工同酬的条款。在男女同工同酬的立法上，法国领先于其他创始国。为使那些大量雇用女性的部门保持竞争力，法国要求它的伙伴国也实行同工同酬。由于性别平等逐渐成为大趋势，同工同酬成为最出名的欧洲法律之一。到《阿约》缔结的时候，各国十分赞同将同工同酬原则扩展为在有关就业的所有事务上实行男女机会均等和待遇均等。

《单一欧洲法令》在两个方面扩大了社会政策的范围，即规定对工作场所的健康与安全立法，和鼓励欧洲范围内的劳资代表对话。鉴于撒切尔夫人曾为削弱英国“社团主义”关系的势力而艰苦奋斗，她当然认为在欧洲范围内发展这种对话没有什么意义；只有反对降低健康与安全标准的规定被普遍接受。因此，虽然共同体社会政策是撒切尔厌恶的对象之一，但由于它们是单一市场计划的组成部分，她还是接受了《单一法令》的这些规定。

德洛尔认为，对工人而言，提高社会福利立法标准是单一市场的必要补充，为此他在 1989 年提出制定《社会宪章》。该宪章在欧洲理事会中得到了除撒切尔之外的的一致同意。尽管撒切尔接受宪章中的一些规定，如工人的自由流动权以及参加（或不参加）工会的权利等，但她抵制其他规定，如工人有参与公司决策权以及最长工作时间限制——有关最长工作时间的规定后经特定多数表决通过，写入了条约有关工作健康与安全的条款，这令英国政府很是反感。梅杰同撒切尔一样，对《马约》有关社会政策的规定选择退出，使之只能以对其他所有成员国适用的议定书方式附录于条约。直到 1997 年工党大选胜利后，该议定书才得到全体一致同意，成为《阿约》有关社会政策的一章。同时写入《阿约》的还有旨在实现“高水平的就业与社会保障”的新一章。不过布莱尔还是继续推行灵活的劳动力市场政策。

> **社会政策**
>
> 在欧盟术语中，社会政策意指有关劳资关系的政策。附于《马约》的一份议定书对社会政策作了相关规定；所有其他成员国都签署了这份议定书，唯独当时的英国政府因不愿接受而没有签署。但 1997 年 5 月当选的工党政府同意该议定书的内容，使之成为《阿约》中的一章。
>
> 欧盟的社会政策集中于几个方面：改善工作环境以保护工人的健康与安全；工作条件；为工人提供信息与咨询；男女工作平等；将排除在劳动力市场之外的人们纳入市场。这些目标主要是通过支持和协调各国的政策，以及通过由理事会与欧洲议会在某些方面共同议决后通过的立法来实现的。委员会有责任在培训、社会保障、事故防范等事务上，鼓励成员国间合作。
>
> 《阿约》还授权理事会采取行动，反对"基于性别、种族、宗教或信仰、年龄及性取向之上的"歧视。

"盎格鲁—撒克逊"模式与"莱茵"模式

在对欧盟的方式上，布莱尔强调放松管制和灵活性，理由是这可提高欧洲经济的竞争力和促进就业。虽说劳动力市场并非他主张放松管制的唯一领域，但被看成是最重要的领域之一。

英国的这种方式被称为盎格鲁－撒克逊模式，因为它与美国的经济哲学有相近之处。另一种方式是以德国为样板的莱茵模式。该模式在劳动力市场上强调团结与社会保障，而不是灵活性。实现此目标的管理方式大都通过劳动者和工会——在德国被称为社会伙伴——谈判达成。这反映了民权社会的一种共识文化，是对先前极权独裁方式的反抗，并以悠久的崇尚团结的传统为基础，例如私营部门承担高标准技术培训的责任。这使得战后数十年德国取得了瞩目的经济成就，并持续保持出口强势。不过，尽管东部各州加入德国给德国经济带来的负担是其 20 世纪 90 年代经济状况不那么乐观的原因之一，德国也因其未能根据全球经济的新发展在劳动力市场中引入更多灵活性，以及改革产业与金融组织和税收制度而受到批评。

就业政策

《阿约》推出了有关就业的新章节，以缓解欧盟公民对高失业率的关注；该章节的主要目的是鼓励成员国间在就业政策方面的合作。

成员国就其就业政策向理事会与委员会提交年度报告，由它们拟定成提交给欧洲理事会的报告。而后理事会会向各国发布指导方针，要求它们在就业政策中加以考虑；理事会也可以对各国政府提出建议。理事会可以与议会共同议决后决定从预算中出资，用于鼓励交流信息与最佳做法、提供比较分析与咨询、提倡使用新方法，以及资助试验项目。

这提高了欧盟成员国对就业政策的关注，但它对各国政府政策的作用还有待考察。

莱茵河还流经荷兰；荷兰人也具有被高度认同的经济与政治制度。20 世纪 80 年代面临严重经济问题的荷兰人开始了被称为“圩田模式”（Polder model）[1] 的改革过程，将以市场为目的的改革引入依然基于认同的制度，并取得了低失业率、高效率及全面良好的经济成效。斯堪的纳维亚国家推行的社会政策与此有许多相似之处。法国则在强调社会保障的同时，更多地依赖政府领导与管制；尽管它也被批评为改革进程缓慢，但就大多数政策而言，法国在 20 世纪 90 年代可谓表现不俗，只是失业率较高——整个 10 年期间一直保持在 10% 以上。

人们常常不记得在第二次世界大战后的三十多年里，英国经济受到集体谈判和政府干预的双重高度管制。正是

1 Polder：荷兰筑圩造田的工程。

为了改变这一状况，撒切尔时代的改革使英国决然转向盎格鲁－撒克逊模式。虽说布莱尔的“第三条道路”意在通过走一条中间道路来防止此类波动，他对经济灵活性的重视和其政府对企业的友好取向，很大一部分是继承其几位前任的改革政策以及英国经济自由主义的古老传统。

20 世纪 90 年代英国经济状况的改善，就像爱尔兰经济的活力那样，增强了盎格鲁－撒克逊模式的可信度。但非常重要的事例是，美国的低失业率与高增长带来了该国经济上的持续成功；从中或许可以得出结论：灵活性适合于技术发展的新浪潮。虽然美国对社会政策自由放任的方式受到成员国抵制，某种共识或许正在欧盟中形成：就减少失业以及为创建有活力和有竞争力的经济的某些措施而论，设定基准和施加同辈压力之类的途径要比社会立法更合适。如果情况确是如此，那么英国与其他成员国有关社会政策的冲突期可以告一段落了。

环境政策

不能通过将污染的空气和水源从一个国家排出而去损害另一个国家来防止污染；因此有必要建立共同的标准，

从源头上控制污染。单一市场中流通产品对环境的影响也是如此。《单一欧洲法令》规定了一项共同体环境政策，以处理这些问题。该法令还申明，欧共体的目标是“维持、保护和改善环境的质量”。

由于民众对环境问题广泛关注，已有200多项环保措施通过了立法，涉及空气与水污染、废物处理、飞机与汽车噪音限制、野生动植物生存环境、饮用水与浴室用水的质量标准等等。1988年通过了一项旨在减少酸雨发生的立法，规定在今后的15年内分阶段将二氧化硫和氧化氮的排放量削减58%。在环保意识强烈的瑞典加入欧盟后，危险化学品的保护标准也得到了提高。

尽管欧盟立法总是允许成员国在其他事务上自行确定更高的标准，但在斯堪的纳维亚国家的要求下，在《阿约》中写入了一项条款，允许成员国对贸易商品也自行确定更高的标准，前提是它们能令委员会相信，这类标准并非贸易保护主义的手段。考虑到环保立法涉及的范围，对相关法律的抱怨已是极少。欧盟有项规定要求成员国在采取可能破坏环境的行动前先进行环境影响评估；此规定的确曾阻碍了一条绕过英格兰南部的温切斯特的公路的修筑计划，原因就在于它没有进行必要的环境影响评估。英国政府将此看成是干预地方事务，不过这类抱怨很少。环境政策出台于欧洲人正迅速变得愈来愈环保的年代，因此它就像过去的同工同酬政策那样，成了欧盟最得人心的政策之一。同性别平等政策一样，环境政策也在《阿约》中得到了强化；《阿约》规定，“环境保护的要求”必须纳入其他共同体政策，“以期促进可持续发展”。而后各国同意筹划将对环境保护的关注纳入欧盟的农业、能源、运输等行业政策；这些措施整合起来也许便是一项可持续发展的战略。

如同我们在第五章中了解的那样，有关税收的协议比立法协议似乎更难以达成。委员会曾提议征收一项碳与能源税，以减少二氧化碳（CO_2）的有害排放。但这遭到使用大量能源的工业部门的反对——它们认为，除非其他工业化国家也征收此税，否则会使它们失去竞争力。还有人以财政主权为由，反对税收协调。因此，这方面迄今毫无进展。但欧盟环境政策在国际上更为成功。

在有关气候变化的国际行动上，欧盟施加了重大的影响。1986 年，当人们意识到全氯氟烃（CFCs）会破坏臭氧层而危及地球上的生命时，欧共体即成功地打破僵局，通过谈判达成了一项协议，从而在很大程度上遏制了形势的恶化。接着在 1997 年，欧盟在京都谈判中起到了核心作用，达成了旨在控制看来是导致全球气候极度变暖的二氧化碳及其他温室气体排放的协议。尽管美国不愿接受任何适当的指标，也不愿响应第三世界国家对参加该国际协议提出的条件，即在必要的技术改革上给予援助，欧盟还是使京都谈判取得了重大的成果。但欧盟自己恐怕也难以实现这个并不雄心勃勃的目标——在 2010 年前，将 3 种主要的气体排放削减 8%。对成员国而言，唯一的法律义务是制定本国减少排放的方案；但即便是要做到这一点，欧盟也还是需要一种更加有力的制度。

欧盟还面临一个非常巨大的任务，那就是使在苏联统治时期被严重污染的中东欧的未来成员国达到欧盟环保标准。一个诱人的途径是在新入盟国家实施所有欧盟立法前设立一段很长的过渡期，同时保留某些贸易保护措施，以应对那些不承担代价高昂的义务的国家的不公平竞争。但提供适当的援助使它们达标，应该是更好的解决途径。

第七章

“一个自由、安全与公正的区域”

战后第一任工党政府的伟大的外交部长欧内斯特·贝文说，他的外交政策目标“实际上是……努力解决整个护照和签证问题”，这样他就可以“到维多利亚车站”（此站有火车开向欧洲大陆），“买一张火车票，去我想去的什么地方，而不需要护照或任何其他东西”。这位老工会会员保留着他海内皆兄弟的梦想，但作为外长他却发觉自己在努力捍卫国家主权，并拒绝了英国加入新近成立的共同体的主张——殊不知正是共同体最终使他的梦想成真。[1]

早在1958年，《罗马条约》就将“人员”与货物、劳务、资本一起纳入跨越成员国边界的四大自由流动之中。但“人员”的这种流动仅限于越境就业。25年之后，《单

1 贝文与维多利亚车站的故事，可参见米歇尔·查尔顿：《胜利的代价》（伦敦，1983年，第43—44页）。

一欧洲法令》将内部市场定义为“一个没有内部边界的区域”。撒切尔夫人的政府认为这些言辞的含意没有变化，因为它们还受到“根据条约规定”的限定[1]。这个说法在相关方面仍然站得住脚，但更加奉行联邦主义的国家政府则倾向于从字面来理解：取消各成员国间相互边界上的控制，从而使跨越边界的流动对所有人员开放。

这种思想在1985年和1990年的《申根协定》中得到了法律表述。申根是卢森堡的一个小镇，具有象征意义地处于法国与德国边境，该三国与比利时、荷兰一起在此签订了上述协定。《申根协定》的签署国尔后陆续增加，直至所谓的申根国家包括了除英国与爱尔兰之外的几乎所有欧盟成员国，丹麦则与之维持了一种不明确的关系。

《申根协定》有两个主要目的。首先是关于边境控制：消除申根国家间的内部边境控制，建立外部边境控制，以及制定有关避难、移民和区内其他国家国民流动与居住的规定。其次是在打击犯罪上相互合作。

1 《建立欧洲共同体条约》（1997年简化版）第14条第2款有关单一市场（内部市场）的条文如下：“内部市场由一个没有内部边界的区域构成，在此区域内，货物、人员、劳务与资本的自由流动，得到本条约规定的保证”。

跨境犯罪活动增加与跨境经济活动增长的原因相似，即技术的进步，特别是交通与通讯技术的进步。如果要使法治跟上形势的发展，那么就像在贸易上那样，跨境合作势在必行。随着成员国间关系因经济一体化而强化，它们更对这种合作有着特别的需求。这方面迈出的第一步始于1974年签订的有关交换恐怖主义情报的“特雷维”协定；有关的部长与官员不久就发现，有必要将其他形式的犯罪也包括进来。这为《申根协定》的签订奠定了基础；而《申根协定》在那些愿意共同走得更远的国家的执法机构间，建立了更为紧密的合作；在第一项《申根协定》签订15年后，形成了一个包括3，000多页法律文件并对绝大多数欧盟成员国有效的“既有结构”[1]。

《马约》与第三支柱

犯罪与人员的跨境流动，影响到所有成员国而不只是申根国家。为此各国同意，《马约》应该对这些领域的合作加以规定。除对外部边境控制、避难、移民和欧盟以外

1 Acquis，意为已经达成的事物。源自aquis communautaire，意指欧盟的全部立法、管理、司法与技术构成。

国家公民的跨内部边界流动作出规定之外，《马约》还列举了恐怖主义、贩卖毒品、欺诈以及“其他严重的犯罪形式”。成员国的司法、行政、警察与海关当局必须合作以对付此类行为。

有些国家，例如德国，希望这种合作在共同体机构内进行，让委员会、法院、议会以及理事会发挥它们的正常作用。英国等另一些国家则要捍卫它们的主权，希望将除理事会之外的机构尽可能地排除在外。结果是设立了与“第一支柱”共同体相平行的一个新的“第三支柱”——司法与民政事务上的合作（CJHA）。第三支柱的机制是政府间的：在理事会内实施全体一致议决程序，议会与委员会只具有咨询作用，法院则无权过问。其政策手段是由理事会决定的联合立场与行动，以及需所有成员国批准的公约。公约之一是旨在建立新的警察机构——欧洲警察署。

鉴于需要取得 15 国全体一致同意后才能作出决定，到进行《阿约》谈判时还没有取得多少成果也就不足为怪了。没有任何公约生效，其他方面的行动也进展缓慢。但是人们对跨境犯罪与非法移民的担忧在继续增长，预计将带来新问题的东扩则日益临近。因此大多数成员国要求一种更为有力的制度。

《阿约》与第一支柱

《阿约》申明要建立一个被堂皇地称为“自由、安全与公正的区域”（AFSJ）的宏愿。虽然总的说来，与世界上几乎所有其他地区相比，欧盟堪称一个非常自由、安全和公正的区域，但《阿约》使用这三个词汇各有较为特定的含义：自由指跨内部边境的自由流动，安全指不受跨境犯罪的危害，而公正则主要指在民政与刑事事务上的司法合作。将具有如此广泛与崇高含义的词汇用于这些特定目的，这样做是否明智人们拭目以待，但答案也许取决于这些目的在多大程度上和能多快得以实现。

在自由流动方面，几乎所有和申根规定相关的事务都已被从第三支柱移交至第一支柱。这样，人员在申根国家的自由流动权得到了共同体机构的保障，但一些成员国曾不得不暂时恢复边境检查，以应对非欧盟公民持假签证从其他成员国涌入的情况。由此可以看出，外部边境控制还不令人满意。共同移民与避难政策也还不够完善。另外，由于英国、丹麦与爱尔兰仍实行边境控制，不能说整个欧盟已实现了没有边境检查的自由流动。

然而，在申根国家间取消边境控制仍然是一个重大的成就。同样，将这些权限移交至共同体并让法院行使其正常职能——但内部安全和法治仍受成员国控制——也是一个重大成就。在条约生效后的 5 年间，即直至 2004 年 5 月，共同体机构主要是按政府间模式运作，即实施理事会内全体一致议决、咨询议会意见、委员会与成员国共享立法提案权。但这 5 年之后，如果申根国家（有些问题以特定多数，其他以全体一致通过）同意，将实施特定多数表决、议会与理事会共同议决、委员会拥有全部立法动议权。如果情况顺利，它们很可能会这样做，不顺利则另当别论。

英国决心保持其边境控制，选择不参加《阿约》关于人员自由流动的规定；与英国开放边境的爱尔兰，也不得不如此。但两个国家都可以选择参加某些特定措施，但需得到其他政府的全体一致同意。英国政府已表态，它有意加入除边境控制方面之外的整个《申根协定》，但将视外部边境控制的情况和内部合作是否充分有效来决定。丹麦

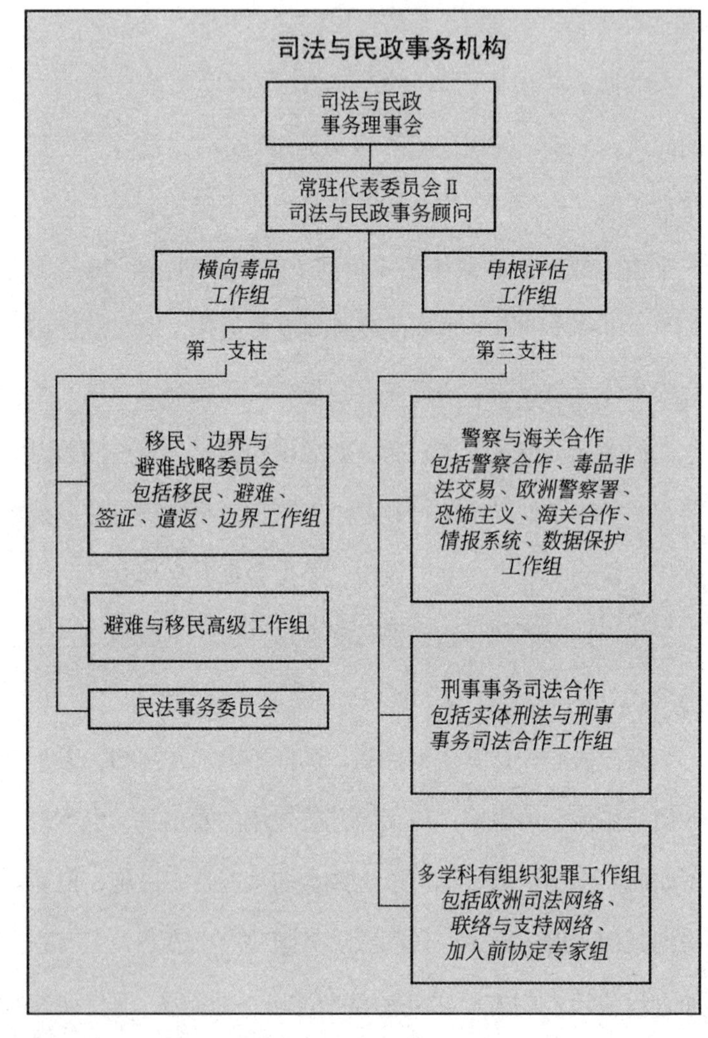
司法与民政事务机构
司法与民政
事务理事会
常驻代表委员会 II
司法与民政事务顾问
横向毒品
工作组
申根评估
工作组
第一支柱
第三支柱
移民、边界与
避难战略委员会
包括移民、避难、
签证、遣返、边界工作组
避难与移民高级工作组
民法事务委员会
警察与海关合作
包括警察合作、毒品非
法交易、欧洲警察署、
恐怖主义、海关合作、
情报系统、数据保护
工作组
刑事事务司法合作
包括实体刑法与刑事
事务司法合作工作组
多学科有组织犯罪工作组
包括欧洲司法网络、
联络与支持网络、
加入前协定专家组

虽然签订了《申根协定》，但选择不将权力移交给共同体，因此结果还难以预料。[1]

至于安全，打击跨境犯罪仍主要属于政府间第三支柱的职责。鉴于有关人员自由流动的权限已经移交至共同体，第三支柱的名称已经缩小至“刑事事务上的警察与司法合作”。针对人们对跨界犯罪的日益关注，《阿约》在犯罪形式的清单中增加了人口走私、伤害儿童和腐败，而后又增加了洗钱、制造假币与“网络犯罪”。

警察合作得到了重大的发展，且收效不小，例如缉获了大量向英国走私的毒品。尽管欧洲警察署要等到 1999 年 7 月有关公约经所有成员国批准后才能全面运转，在《马约》作出规定后的 5 年间，它还是作出了有益的贡献。尽管第三支柱主要是按政府间模式运作，在理事会内普遍实施全体一致议决程序，但《阿约》明确规定，公约只需经过半数成员国批准，便可在那些国家生效。法院也起到了作用，它被授权对欧盟法律作出解释，以及裁决成员国之间或成员国与委员会之间的争端。

1 事实上丹麦已经加入。鉴于北欧国家之间实行护照同盟，根据北欧理事会与欧盟的协议，包括非欧盟成员国挪威在内的北欧国家都已加入《申根协定》。

为了提升人员自由流动与打击犯罪在欧盟政治中的重要性，1999 年 10 月在芬兰任主席国期间，欧洲理事会就此主题在坦佩雷召开了一次特别会议。会议决定建立一所高级欧洲警察学院，以及一个称为“欧洲司法”的机构，将成员国的检察官、法官和警官联合起来，以在刑事调查和诉讼上加强合作。会议还议决了其他事项。

“公正”狭义上是指司法合作，据此，已经采取了一些特定的措施，以使成员国在承认和执行司法裁决等跨国界问题上互相协助，不过在犯罪受害人权利问题上进展不大。不满于现状的法国提议建立一个“欧洲司法区”，以推进成员国间有关跨界诉讼和执行裁决的法律协调，以及建立公民诉诸法院的最低共同标准。英国则更赞同成员国间相互承认的主张，即仿效单一市场内相互承认规则的方式。这一立场被欧洲理事会坦佩雷会议所接受，但法律协调的建议不会轻易被放弃。

按“公正”一词较为宽泛的定义，分配公正一直是个问题，因为到德国寻求避难者远比其他国家多，它希望有分担费用的措施，但受到其他国家的抵制。1999 年，英国受到的寻求避难者的压力差不多与德国的相当，它对德国的呼吁变得较为认同。在其他国家同样受到影响的情况下，欧盟在1999年拨出少量款额，用作收容难民，算是朝着负担分担走出了一小步。

有批评认为欧盟强调限制移民与难民，是置对人的关怀于不顾;《阿约》根据公正的更为宽泛的含义作出了应对。面对公众的普遍反对，条约规定了保护移民与难民权利的措施，以及更为广泛地反对种族歧视与仇外情绪的行动。至于进展如何，让我们拭目以待。

名称的含义

在申根国家内，自由流动几乎已是既成事实。今天，如果贝文走进巴黎北站或里昂站，他可以买张车票，不需护照就可到申根国家内他想去的任何地方去，但不幸的是，他不能到维多利亚站。

然而，现在还很难确定第三支柱下的警察与司法合作能否足以保证制止跨界犯罪。共同体支柱有权在此方面采取行动，但直至2004年，它在很大程度上也得受全体一致议决的制约；相关工作仍然主要依靠第三支柱来开展，但第三支柱普遍实行全体一致议决程序。跨界犯罪在继续滋生，令人怀疑的是目前的欧盟机构能否战而胜之？只要能继续下去，司法合作自然是可取的。但同样由于其机构上的弱点，司法合作并没有走多远。

我们也不该忘记，英国以及爱尔兰没有完全参加共同体支柱这个方面的事务，对欧盟是一种削弱，而且也可能是在给英国本身制造麻烦。为什么原本不应分割的事务，其责任要分归第一与第三支柱，使行动难以进行，并使公民本来就难以理解的事物变得更加难懂？英国选择不参加是主要原因。这是英国惯常做法的又一个例子：先拒绝参加一项共同体计划，但等到该项计划的大多数决定由其他国家作出后，它十有八九还是会迟早决定参加进去。

尽管有这些问题，我们期待“自由、安全与公正的区域”就其特定意义而言将是一个成功。但这个名称却未必恰当。因为从字面意思来看，它的含义要深远得多，而且在这个意义上，欧盟大有值得骄傲之处。用此名称来表示一个狭隘的意思，这似乎是个缺憾，至少从中期来看，狭义上的“自由、安全与公正的区域”也未必能取得圆满成功。

第八章

一个民事大国：是耶，非耶？

创建共同体的主要动机是维持法国、德国和其他成员国间的和平，以及使其公民生活富足。不过，尽管这些国家间的相互关系尤为重要，它们与邻国、与距离更远的国家的关系也不容小觑。同时，辅从性原则——在共同体可以比成员国单独行动做得更好的一些事务上，它应该承担责任——不仅在内部事务上适用，也开始适用于对外事务。

与共同体的权力相应，它的对外关系起初集中于经济领域，但这种关系一开始就具有政治目的。对于德国，由于与苏联集团相邻且东德受苏联控制，它的首要目标是各国齐心协力抵御苏联压力。作为世界强国，法国对共同体有着更大企望；其中，与美国的关系是核心部分：莫内认为共同体与美国之间是伙伴关系；戴高乐则要反抗美国霸权。莫内的观点得到普遍认同，共同体逐渐被看成是潜在的“伟大民事强国”。

许多法国人则看得更远，构想着一个可以在防务领域挑战美国优势的欧洲，而其他国家一般不接受这种观点。外交政策上的合作逐渐发展至所谓的“共同外交与安全政策”。英国曾长期坚决反对欧盟在防务上的共同行动，但它却在 1999 年与法国一起，提出让欧盟拥有有限的防务能力。但这仍然只是欧盟对外关系中的次要部分。共同体的对外经济政策依然重要得多。

对外经济关系

《罗马条约》赋予共同体共同对外关税来作为贸易政策手段，并在术语上将之称为“共同贸易政策”。这并非预料中的必然结局，因为有些人曾希望让成员国保留已有关税税率——低于德国与比荷卢经济联盟的平均值，但高于法国与意大利的税率。但法国坚持要求实行共同关税，这部分是因为它担心廉价进口品从低关税国家渗透进来对法国构成竞争，部分却也是因为它希望共同体在国际事务中开始具有发挥重大影响的手段。

法国一直为此努力。共同关税是推动单一货币的动机之一，挑战着美元霸权；而后法国又继续推动建设欧洲防务能力，并创造了“欧洲强势”[1]一词，以示与仅仅关注经济事务的“欧洲空间”相区别。但不管是具有强烈保护主义倾向的法国，还是当时批评共同关税为保护主义手段的英国，都没有料到它事实上引发了肯尼迪回合关税削减，使共同体朝着成为世界贸易自由化的最有力推动者迈出了第一步，并因此显示了对外政策共同手段的力量。

这种力量也显示在农业上，不过结果欠佳。进口税与出口补贴制度被用于高度贸易保护，有损共同体消费者和国际贸易关系，包括共同体本身的工业出口。但总的说来，共同体的对外贸易政策对其公民和国际贸易都是相当有益的。

另一个重要的对外经济政策手段——发展援助——也是如此。它也是在法国坚持下形成的，始于《罗马条约》的一项规定——为当时成员国的殖民地设立一项基金。而后此项基金迅速增长，供欧盟为第三世界所有国家提供援

1　原文 puissance，尤指国王的权势。

欧盟、美国、日本等在国际贸易中的份额 (1997年)

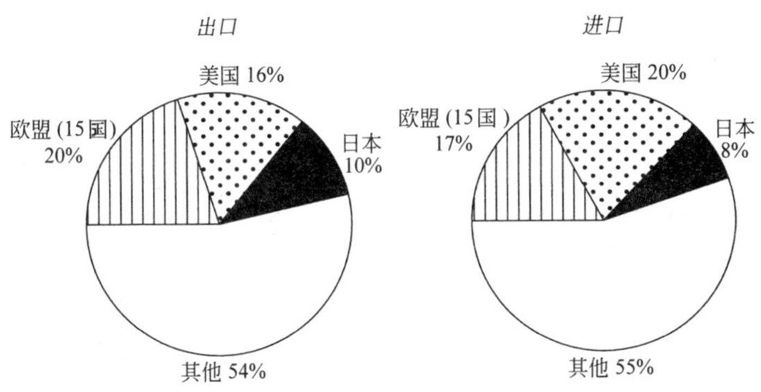

助。20世纪90年代，援助被用于另一个目的，即帮助中东欧国家从苏联式中央集权国家转型至市场经济与多元民主国家，其中也包括俄罗斯以及其他前苏联加盟共和国。

这样，欧盟及其成员国成了目前世界上最大的援助来源。在欧洲，对于大多数中东欧国家，欧盟的贸易与援助政策手段，加上入盟的前景，成了帮助它们成功转型的主要外部影响。法国当初坚持赋予共同体执行对外政策的职能，确实值得庆幸。

共同体机构有效地处理着对外贸易关系。政策的决定和贸易协定的批准由理事会按特定多数表决程序作出；贸易谈判由委员会按照由此颁布的政策，在与理事会任命的一个特别委员会磋商后进行；在法律要点上，法院拥有裁决权。除了正式批准达成的结果，议会通常不大过问贸易谈判；事实上《罗马条约》甚至没有规定在有关贸易政策的事务上需要征询欧洲议会意见，尽管它有权同意或否决联系条约以及更为重要的加入条约。不过在诸如欧洲议会议员与签订了《欧洲协定》或《伙伴协定》的国家议会议员的联合委员会，以及在派往美国、日本、澳大利亚、加拿大和新西兰等伙伴国的议会间代表团等对外关系中，议会确实起着重要的作用。许多国家首脑，包括里根、哈韦尔、萨达特，以及教皇约翰·保罗二世，都曾在欧洲议会发表演说；它还在共同外交与安全政策上受到咨询。

在草拟《罗马条约》时，商品贸易是最重要的，服务贸易则无足轻重，在有关共同贸易政策的章节中并没有提及。但服务贸易现在已占到全世界贸易的三分之一左右。然而，尽管共同体常规制度可以成功运用于商品贸易，服务贸易却仍然必须遵循政府间程序。商品贸易谈判的成功势头使共同体顺利完成了一系列贸易回合，但政府间程序

图 15 世界世俗与精神强权人物在议会发表演说：罗纳德·里根和教皇约翰·保罗二世。

仍然会削弱其就服务贸易进行谈判的效力。为此，除文化、视听服务、教育、医疗与社会服务以及某些交通服务外，《尼斯条约》规定对所有服务贸易实施特定多数表决。

环境保护也已成为国际谈判的一个重要领域。虽然与贸易政策相比，共同体对外政策仍然主要实施政府间程序，欧盟还是在遏制全球气候变暖和破坏臭氧层的谈判中，施加了重要影响。

虽已采用欧元，但欧盟在国际货币体系中尚无扮演重要角色的迹象。欧元尚处于初级阶段，而正如本书第十章所讨论的那样，执行对外货币政策的机构安排，目前还不够有力，不能使欧盟在此领域作出积极的贡献。

外交政策

成员国间的外交政策合作，是在 1970 年随着共同体扩大到包括英国、爱尔兰和丹麦而作为深化合作的因素推出的。这一活动被命名为“欧洲政治合作”（EPC）：外交部长们启用“政治”这个字眼，是为了将他们认为的“高级政治”与经济等显然属于低级政治的事务区别开来。不过共同体的对外经济政策的重要性，已经远远超过了欧洲政治合作日后所能取得的任何成果，特别是在戴高乐之后的早些年中，法国坚持对欧洲政治合作实施政府间程序，而且将之与共同体完全割裂开来后，欧洲政治合作更是成果寥寥。

欧洲政治合作至少还是取得了一个重要的早期成果：成员国将人权列入了欧洲安全与合作会议的日程。令人惊讶的是，苏联接受并最后通过了相关文本。尽管那时没人认为这有多大作用，但它却对最后促使苏联集团解体的政治动荡提供了支持。更具普遍意义的是，成员国的外交人员发展了多种合作方式，促成他们在与其他国家的关系中和在联合国内，就一系列问题达成了许多联合立场。到1985年，法国同意欧洲政治合作应与共同体有更紧密的关系，于是将之纳入了《单一欧洲法令》。

外交政策随后的正式发展是它与共同体一样被纳入《马约》，成为欧盟的“第二支柱”。德国统一的前景使法国人担心大一统的德国会弱化法德伙伴关系并奉行自主的东方政策。正如他们推出单一货币来将德国限定在共同体内那样，他们想要通过共同外交政策来限制德国与东方关系的自主性。德国不仅没有反对，还将此看成是按联邦方向构造统一欧洲的组成部分。为此，密特朗总统与科尔总理在1990年建议，在召开有关经济与货币联盟的政府间会议的同时，召开有关“政治联盟”的政府间会议。

当撒切尔夫人问他们所谓的政治联盟意味着什么时，她没有得到明确的答复。原因之一是，尽管两人都接受共同外交政策的主张——这是政治联盟所意味的两个特定事务之一——却在机构改革这另一个特定事务上意见不一。法国希望强化政府间成分，尤其是欧洲理事会，而德国希望通过加强议会的地位来发展一种联邦制度。为此他们很难用同一种声音说话。撒切尔夫人两者都不希望，因此尽管她接受已有的欧洲政治合作，却不希望共同体机构插手其间。德国很想让共同体具有制定外交政策的职能，但法国对此也表示反对；结果，共同外交与安全政策（CFSP）成了政府间的“第二支柱”。

与欧洲政治合作相比，“共同外交与安全政策”这一名称更加堂皇，其机构也更加复杂。鉴于欧洲在海湾战争中不如人意的表现，条约提及了防务，但用词模棱两可，以顾及法国建立欧洲自主防务能力的愿望，同时又迎合英国反对建立这种能力的立场（英国担心这会削弱北大西洋公约组织）。所以，使用“防务”的字眼并没有多少实际效果。同样，共同外交与安全政策也没有比先前的欧洲政治合作产生多少更好的效果。为此，1996 年的政府间会议作了第二次尝试，以构建一个更令人满意的第二支柱。

条约为共同外交与安全政策确定了非常宽泛的目标，从国际合作到支持民主、法治与人权都有涉及。为使欧盟更加决断，条约作出了实行特定多数表决的规定，但因成员国有权选择不参加和有权否决，这种规定受到了限制。

虽然可以以特定多数表决共同立场与联合行动，但只能是“在共同战略的基础上”，而这种战略是要全体一致同意的，因此任一成员国可以要求对特定多数表决作出的决定加以限制。各国政府还可以将它们反对的决定提交欧洲理事会，那里它们又可以使用否决权；最后还有一招，即它们可以选择不参加。

这种复杂性反映了一个现实，即在行动所依赖的手段属于成员国而不属于欧盟的情况下，成员国的尽心尽力程度不尽相同，说得委婉些，行动的实施很可能得由着那些持严重异议的政府的心思。但如果根据多数表决作出的决定的实施手段属于欧盟，那这个决定便可以得到恰如其分的实施。这种手段可以是财政方面的，例如共同对外关税；可以是金融方面的，例如援助；可以是货币方面的，例如欧元——而欧盟确实动用这些手段。这种手段还可以是法律条令。但在对外关系上，联系协定等目前尚不适用特定多数表决。随着快速反应部队的建立，欧盟还将拥有决定防务行动的手段。但将士兵送到他们可能被杀的地方去执行任务被认为是过于敏感的问题：欧盟不能置士兵所属国家的意愿不顾而擅自作出决定。这也就是为什么特定多数表决被排除在防务领域之外。如不考虑这些，并排除不太常见的选择不参加和全体一致同意，特定多数表决在多大程度上具有实际价值，取决于欧盟在多大程度上拥有用以执行这些决定的共同手段。

在共同外交与安全政策中尝试实行更多的多数表决能否产生更加决断的共同行动，还得拭目以待。不过《阿约》推行的其他变革之一已开始产生影响，即任命一位同时兼任理事会秘书处秘书长的"高级代表"，"协助"在共同外交与安全政策领域代表欧盟的理事会轮值主席。哈维尔·索拉纳已就任此职，而且兼任西欧联盟（WEU）秘书长。身兼三职，加上任北约秘书长期间取得的一系列成就，使他具有影响共同外交与安全政策政府间决策的有利条件。

不过控制对外经济政策手段的是共同体机构，在此方面，作为全面负责此领域事务的委员会委员，彭定康[1]扮演着中心角色；其他负责人还包括负责贸易政策的委员帕斯卡尔·拉米，负责大部分发展援助的委员波尔·尼尔森，以及负责加入谈判的委员冈特·费尔霍依根。条约规定，

1 Christopher Patten，时任负责对外关系的欧盟委员会副主席。

委员会在制定共同外交与安全政策中发挥的作用只限于在理事会的要求下提交建议，这并不适应现实。

在理事会秘书处内，还成立了一个政策计划组，由秘书处本身、成员国、西欧联盟与委员会的人员构成，负责对可能产生的共同外交与安全政策问题做到未雨绸缪。由于共同外交与安全政策开支被包括进议会与理事会共同控

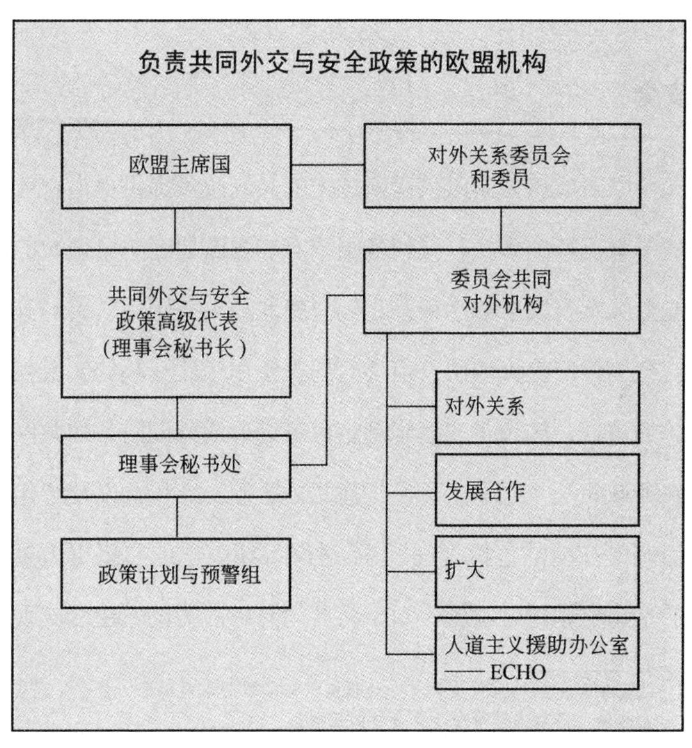

制的那部分预算之内[1]，议会也开始参与外交政策的制定。但这不适用于军事或防务行动，也不适用于“理事会以全体一致议决另作决定的场合”。这些安排的缺陷在于，正如巴尔干危机所显示的那样，为实现共同外交与安全政策的目标，可能会急需大笔资金，但共同外交与安全政策的预算安排却不能适应形势，立即提供这笔资金。这是个严重的缺陷，因为在等待这些资金的时候，危机可能会失控。

安全

欧盟应该为其对前南斯拉夫的共同政策提供更为有效的军事支持的想法，促使各国政府加强欧盟在防务领域的能力。所有国家都承认，它们有赖北约与美国来防御对其安全的任何重大威胁，但《阿约》使用了比《马约》更强势的语言，构想了“逐步制定可最终形成共同防务的共同防务政策”，其目的包括人道主义任务、维和，以及“包括调停在内的危机管理”。不过比条约表达的愿望更重要的是将愿望付之实施；对于将共同防务能力的愿望变成现

1 欧盟预算中的的政策性开支分为强制性与非强制性两部分，前者受理事会控制，后者由理事会与议会共同控制。

实，条约没有将它交托给进展缓慢而艰难的政府间会议程序，而是授权给欧洲理事会以全体一致表决来决定。

而后的科索沃战争显示，尽管欧盟国家的防务开支相当于美国的三分之二，但却只能提供十分之一的战斗力，而且它们对执行作战行动的影响也相应地有限。这使得参与战争的主要欧盟国家英国与法国一起提出了防务倡议。海湾与巴尔干战争的经验使法国人明白，如果他们要发挥有效的军事作用，必须与北约走得更近。英国人则认识到与法国人合作的好处；在拒绝成为欧元区的发起国之后，英国政府将防务看成是英国能在欧盟内起到核心作用的一个领域。

于是，1999 年 12 月欧洲理事会赫尔辛基会议通过了建立一支“可达”5 万至 6 万人的欧盟快速反应部队，并同意西欧联盟加入欧盟。欧盟可以利用西欧联盟的军事能力，并建立了自己的防务计划和参谋部结构，包括由国防部长与外交部长一起参加的理事会会议、代表成员国“防务长官”的军事委员会以及理事会秘书处的军事参谋部。快速反应部队将在 2003 年前建成，以“在北约并不整体参与的场合”，自主执行维和任务与危机管理；不过在此类行动中，通常可以要求北约——事实上是指美国——提供诸如空中运输、卫星情报侦察等设施，但也意味着任何重大的军事行动都需得到美国同意。这样，英国政府可以减少对削弱北约的担心；包括具有中立传统的奥地利、芬兰、爱尔兰与瑞典在内的所有成员国，也因有任何国家可以选择参与或不参与任何军事行动的规定而安心。

这显示了建立欧盟防务能力所面对的困难：在采取行动之前，必须得到关键性多数成员国同意；需要北约支援从而需要美国同意的重大行动，美国可能不同意欧盟的计划，从而造成北约内部的紧张关系；在同时获得欧盟关键性多数成员国和美国同意的场合，政府间工作安排可能又过于无力而无法策划和运作成功的行动。尽管北约的体制也是政府间的，但美国的霸权领导使之可以运转；但欧盟成员国间不存在霸权，这在使欧盟可以发展成为可行的民主政体的同时，也会在防务领域造成一种难以运转的政府间体制。不过现时的安排，或许可以成为走向进一步改革的步骤，而这正是使此体制有效所必不可少的。

虽然这种改革很可能会在负责欧盟防务行动的体制结构中引入更多的联邦因素，它们不应与创建一个联邦国家混为一谈。因为后者将要求向欧盟移交整个武装力量的主要负责权，这与只具有有限影响的一支快速反应部队完全不可同日而语。

如果欧盟真的发展起有效的防务能力，它将超越一个民事大国。但这种前景的不确定性，使它更有必要增强其在对外政策的经济与环境方面已被证明的能力。随着欧盟版图扩大至中东欧国家，其人口将增至5亿上下，那么不管有没有防务能力，它对外部世界的影响都将增强，但必要的条件是其机构，特别是处于核心的共同体支柱的机构，必须得到增强而不是削弱。如果扩大将削弱欧盟机构，它将成为一个毫无生气的庞然大物，成为世界稳定与繁荣的绊脚石——远算不上一个民事大国。而使欧盟增强的扩大进程，将使它能够在世界事务中拥有比迄今更大的影响力。

第九章

欧盟与其他欧洲国家

创始人对欧洲共同体的命名表达了一个愿望而不是事实。位于西欧中部的 6 个国家，不管它们何等重要，也很难被称为欧洲。但是大多数联邦主义者所共有的愿望是：共同体将壮大直至名副其实。通过扩大——首先是包括几乎所有西欧国家，接着在随后几年中包括大多数中东欧国家——此愿望正接近实现。与此同时，欧盟还需处理与那些准备加入但还没有加入的国家的关系，同时以一种不同的方式处理与其他欧洲国家的关系。

大多数申请加入的国家寻求的是经济利益和政治影响。对于希腊、葡萄牙与西班牙而言，巩固它们的民主制度也是动机之一。大多数受苏联长期控制后希望加入欧洲主流的中东欧国家也是如此，而且它们也希望增强安全。

成员国普遍认为东扩会使繁荣与安全地区的范围扩

大，应该受到欢迎，并应被看成是欧盟的自然归宿。对德国来说，东部邻国的稳定与安全尤为必要。许多英国人，例如撒切尔夫人，期望东扩会造成更为“松散”、更具政府间特性的体制。相反，法国则很是担心扩大会弱化大欧洲计划。不过现在所有国家都接受扩大至接纳中东欧国家的原则，只是热衷的程度各不相同。同时条约申明，尊重“自由、民主的原则，尊重人权与基本自由以及法治”的任何欧洲国家均可申请成员国资格。

扩大至包括几乎所有西欧国家

扩大需要走一套例行程序。在收到申请后，理事会征求委员会的“意见”；以此为基础，理事会可以以全体一致同意授权进行谈判。委员会在理事会监督下主持谈判，但最终的加入条约得由理事会全体一致通过，经议会同意，并得到所有成员国的批准。

加入前可先建立一种“联系”关系。最早的例子是1962年希腊与共同体之间签订的《联系条约》，条约规定通过一段过渡期消除贸易壁垒，发展各种形式的合作，并建立一个联系理事会。条约还预计希腊将最终加入共同体；经历各种变迁后，希腊在1981年终于成为了成员国。

很快，土耳其在1964年也签订了一个类似的条约，不同的是条约规定了一个22年的过渡期，而且没有明确的加入承诺，这反映了委员会对土耳其的怀疑态度。基于对该国人权、民主稳定性、低水平经济发展与高通货膨胀率等问题的担忧，这种怀疑一直持续至今；另外，土耳其人口达7,000万左右，且增长迅速，更使上述问题难以接受。土耳其在1987年便提出加入申请，但直到1999年欧盟才承认它的申请资格，不过仍然没有确定开始谈判的日期。

在20世纪60年代，葡萄牙与西班牙均不具备联系国资格，因为它们的政权与共同体相对立，而只有民主国家才是共同体合适的伙伴。但葡萄牙在1960年即成为欧洲自由贸易联盟（Efta）的创始国之一。英国在欧洲经济共同体建立后积极倡导建立欧洲自由贸易联盟，该联盟仅涉及贸易关系而不太关注成员国的政治局面。因此，20世纪70年代，民主政体取代独裁后，这两个伊比利亚国家都在没有经过联系国阶段的情况下，与共同体进行加入谈

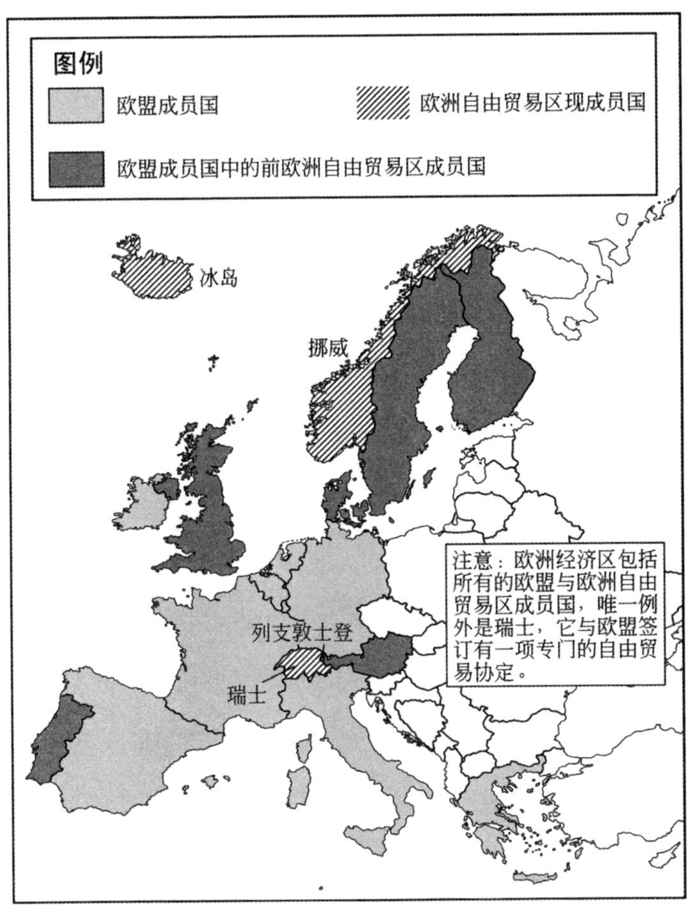

地图 2 欧盟、欧洲自由贸易区、欧洲经济区。

判。这就是为什么谈判拖得很长，直到1986年它们才加入的一个原因。而保护主义者的阻挠，特别是法国农民的反对，则是更为重要的原因。

位置更北的欧洲自由贸易联盟成员国的加入过程有所不同。英国、丹麦、挪威、瑞典与瑞士的共同体成员资格，没有受到政治的影响；奥地利则因其和平条约被排除在外。英国、丹麦、爱尔兰在1973年未经任何联系形式便加入。同时，共同体与欧洲自由贸易联盟其他各成员国签订了双边自由贸易协定，当时冰岛还包括在内。后来还与芬兰和列支敦士登分别在1986年和1991年签订了自由贸易协定。

1989年苏联的控制解除后，奥地利便立即申请加入欧共体。芬兰、挪威、瑞典与瑞士也不甘落后。德洛尔担心这会削弱共同体而想推迟扩大，提出了欧洲经济区（EEA）的建议，以将欧洲自由贸易联盟国家与欧共体国家包括进一个扩大的单一市场。但这5个国家不愿被排除在共同体决策之外，也申请加入；在现有自由贸易关系的推动下，经过一场短暂的谈判，奥地利、芬兰与瑞典于1995年加入。挪威的全民公决拒绝加入，瑞士则连欧洲经济区都拒绝加入。这样，瑞士继续维持双边自由贸易协定，欧洲经济区只残留下一道痕迹，挪威、冰岛与列支敦士登则与欧盟建立了联系关系。欧盟囊括了几乎所有西欧国家，唯余塞浦路斯和马耳他，而这两国正在进行加入谈判[1]。

东扩

在整个冷战时期，欧盟与苏联之间的关系冷淡。苏联拒绝在法律上承认共同体，认为它强化了“资本主义阵营”。共同体则拒绝与受苏联控制的经济组织经济互助委员会进行谈判。1989 年后，随着苏联集团的解体，中东欧国家转向共同体，将之看成为繁荣与民主的堡垒，并自然地向往加入。

情况最简单的是德意志民主共和国——受苏联控制的东德的自称。民主德国在 1990 年成了联邦德国的一部分，共同体迅速作出了必要的技术调整，以使扩大的德国能不加推延地承继德国的成员国资格。

至于中东欧其他新兴民主国家，共同体则与之签订

1　该两国也已加入欧盟。

了联系协定，并提供援助。援助通过旨在帮助中东欧国家转型的 PHARE 计划实施。该计划的重点是经济改革与结构调整的技术援助，例如教育与培训、农业以及一般的私营部门的结构改造。基础设施逐渐成为开支最大的单项援助，为单一市场作准备也得到了愈来愈多的重视。共同体预算对 PHARE 计划的投入达到了每年 10 亿欧元上下，另外还有来自成员国与其他方面的捐助。欧洲重建与发展银行被建立，以促进对前苏联集团私营与公共部门的投

图 16 柏林墙倒塌：柏林，1989 年。

资；此外，共同体的欧洲投资银行也一直在为该地区的项目提供资金。其他财政援助还包括将波兰共产党政权遗留下的440亿美元外债减免一半左右。

尽管有批评认为这些援助不及二战后马歇尔计划对西欧的援助那么慷慨，它们还是起到了很大的作用。但起到关键作用的，是被称为《欧洲协定》的联系条约。共同体在1990年即与开始向市场经济与多元民主转型的国家签订了协定，到1996年，与正在进行加入谈判的10个中东欧国家都缔结了此类协定。协定规定在长达10年的过渡期中，分阶段实现工业品自由贸易；削减某些农业保护；实现服务贸易、资本流通与开业自由化。贸易有了很大起色；在加入前景的刺激下，国外投资也在经济状况良好的国家得到很大的增长。协定还规定了广泛领域的“合作”，这很大程度上是基于PHARE计划的援助。各项协定都有机构来监督其执行，这些机构包括：由委员会、成员国政府及联系国代表组成的联系理事会；由各方高级官员组成的联系委员会；由欧洲议会议员与联系国议会议员组成的联系国磋商委员会。这些机构还建立了一个论坛来进行政治对话。

联系协定的首批联系国希望协定将成员国资格作为最终目标确定下来，但各成员国的态度不一，法国尤其持怀疑态度。因此协定对此有些含糊其词。但法国后来也改变了主意，到 1993 年，那些达到了以下条件的国家获得了进行加入谈判的权利：稳定的民主制度、保护人权和少数族裔的权利、法治、竞争的市场经济，以及具有“承担成员国义务的能力，包括坚持政治、经济与货币联盟目标”。虽说政治联盟在不同国家有不同的意味，“成员国义务”的意义是足够清楚的——包括将将近 10 万页立法文件付诸实践的艰巨任务，其中大多数立法与单一市场有关。为缓解成员国对“扩大将导致弱化”的担忧，条件中还包括欧盟应该具有“在吸纳新成员的同时保持一体化势头的能力”。

匈牙利与波兰在次年提出了加入申请，到 1996 年另有 8 个中东欧国家提出了申请。到 1998 年，欧盟认为已有第一批 5 个国家取得了必要的进展，并于当年与它们开始谈判，这 5 个国家是捷克、爱沙尼亚、匈牙利、波兰与斯洛文尼亚；开始谈判的还包括也已申请加入的塞浦路斯。2000 年开始谈判的第二批国家包括保加利亚、拉脱维亚、

欧盟的 PHARE 开支在各受益国的分配 (1990—1998 年)

(百万欧元)

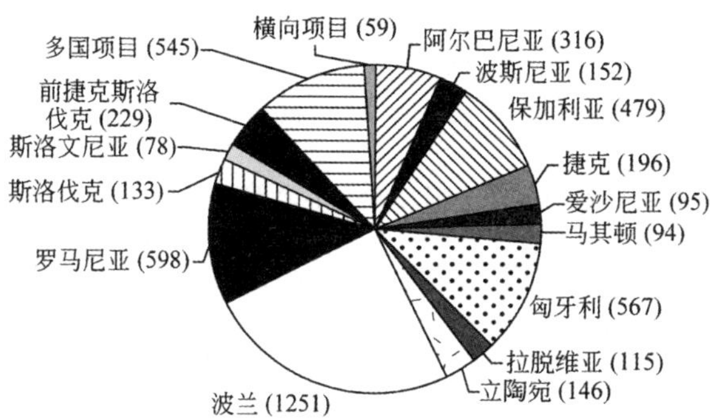

PHARE 开支在各领域的分配 (1990—1998 年)

(百万欧元)

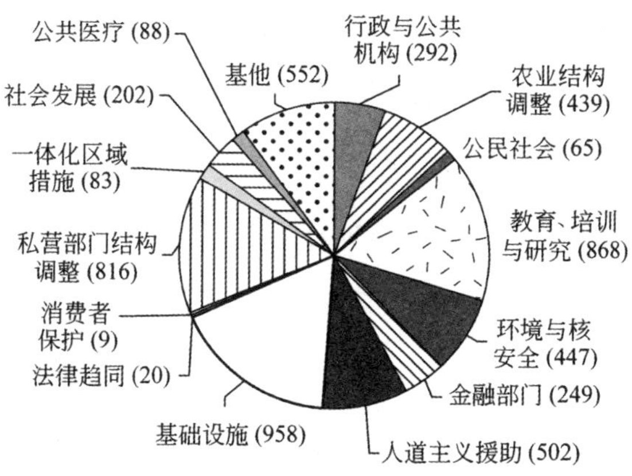

年均开支 6.21 亿欧元

立陶宛、罗马尼亚、斯洛文尼亚以及马耳他。考虑到完成谈判、批准与正式生效所需的时间，第一批国家预计将在2004年前后加入。

与此同时，欧盟在自身“吸纳新成员的能力”上也在取得一些进展。共同农业政策需要改革，以应对东欧大量农民的加入；2000—2006年财政远景规划必须为更大的结构性基金提供资金。1999年3月，新当选德国总理的格哈德·施罗德成为轮值主席后，欧洲理事会柏林会议作出了一些必要的决定：增加结构性基金的预算，削减共同农业政策的支持价格——不过如第五章所述，这还不够，仍需另一轮削减。

将给新成员国的结构性基金拨款从2003年的58亿欧元增加到2006年的121亿欧元和将农业资助增至34亿欧元的同时，每年还有31亿欧元用于其他欧盟候选国的“加入前援助”。这些金额可能还不够。在第一批候选国中，波兰与爱沙尼亚的人均GDP尽管增长很快，但不及欧盟平均值的一半；而在第二批国家中，保加利亚、拉脱维亚、立陶宛与罗马尼亚的人均GDP只相当于此平均值的四分之一。为保证这种悬殊不至于给欧盟带来过多压力，还有许多事情要做。

但更为重要的是欧盟的机构改革。随着成员国数量超过20并增至30或更多，在那些政府间元素依然占主导

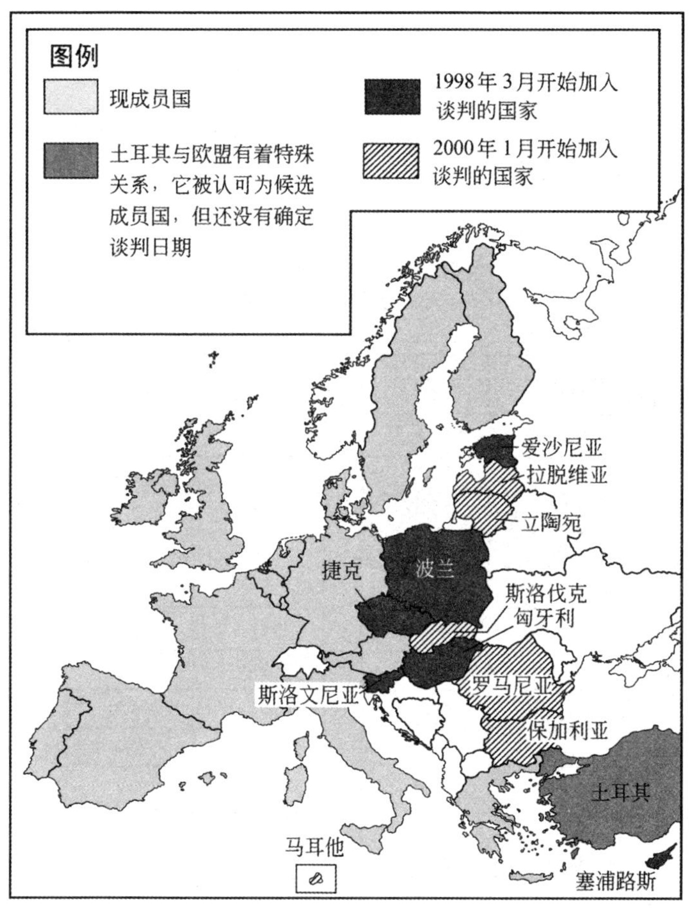

地图3 申请加入的国家。

地位和仍然存在否决权的领域中，及时和有效决策将变得愈来愈困难。2000 年的政府间会议意在使机构为扩大作好准备。会议在限制委员会委员数量和增加大国在理事会表决中的加权票等事务上，确实达成了协议。但《尼斯条约》并没有将全体一致同意的实施范围缩小到能保证有效决策的地步，也没有使理事会与议会的共同议决成为与标

欧盟与申请国的人均 GDP

（千美元，购买力平价，1997 年）

国家	人均 GDP	国家	人均 GDP
卢森堡	30.2*	塞浦路斯	14.8
丹麦	23.6	马耳他	13.2
比利时	22.8	斯洛文尼亚	11.8
奥地利	22.1	捷克	10.5
法国	22.0	斯洛伐克	7.9
德国	21.3	匈牙利	7.5
荷兰	21.1	波兰	6.5
英国	20.7	土耳其	6.4
爱尔兰	20.7	爱沙尼亚	5.2
意大利	20.3	罗马尼亚	4.3
芬兰	20.2	立陶宛	4.2
瑞典	19.8	保加利亚	4.1
西班牙	15.9	拉脱维亚	3.9
葡萄牙	14.3		
希腊	12.5		

* 1996 年

（来源：世界银行）

准的民主程序相应的常规决策程序。然而，除非取得上述进展，否则当成员国数量随着下一轮扩大而增加，欧盟的前景——至少共同体支柱的前景——是堪忧的。

西巴尔干国家

西巴尔干国家主要是指前南斯拉夫境内国家：克罗地亚、波斯尼亚－黑塞哥维那、马其顿，以及由黑山与塞尔维亚构成的现南斯拉夫[1]——其中，科索沃在名义上仍然是塞尔维亚的一个省。阿尔巴尼亚也属此列；不过在最近有关欧盟政策的讨论中，曾是前南斯拉夫共和国之一的斯洛文尼亚没被列入，因为它已取得联系国与候选成员国资格[2]。

在解体之前，前南斯拉夫比其他任何中东欧国家都更接近共同体。接着便发生了它的解体与战争。美国最初想让欧洲来处理这些问题。1991 年上半年任欧盟部长理事会主席的卢森堡外长雅克・普斯，在出发去南斯拉夫前——当时冲突已经在克罗地亚与斯洛文尼亚爆发——曾

1　2006 年 6 月 3 日，黑山共和国宣布独立；塞、黑实现和平分手。
2　斯洛文尼亚已在 2004 年 5 月成为欧盟成员国。

有句名言："这是欧洲的伟大时刻……。"由于斯洛文尼亚的塞尔维亚少数族裔只占人口极少数，斯洛文尼亚未经什么战争就取得了独立。但在有大量塞尔维亚少数民族聚居的克罗地亚、波斯尼亚和科索沃，残酷的战争接连而起。而后的几年表明，尽管欧盟在经济上实力强大，它在动用武力上却无法有效地作出反应。普斯的名言中还有这样的一句话："……它不是美国的伟大时刻。"但他完全错了。[1]即便英国与法国为去波斯尼亚的军队提供了人数最多的分队，20 世纪 90 年代这个 10 年，却是美国人的天下，而肯定不是欧洲安全与合作组织（OSCE，最初称为欧洲安全与合作会议，即 CSCE）或联合国的天下。欧盟的经济与人道主义援助虽然很重要，但在受 3 场战争笼罩的这 10 年间，它却不免在北约特别是美国面前黯然失色。

欧洲政治合作在不那么困难的事务上还算有效，却没有能力处理承认克罗地亚和斯洛文尼亚为独立国家这样的事务。尽管英国、法国和大多数其他成员国政府觉得过早承认有些危险，德国和一两个其他国家却倾向于支持它们

1 普斯有关"欧洲时刻"的讲话，见《纽约时报》1991 年 6 月 29 日第 4 版报道。

独立。德国政府在1990年日益明确地表示，不管其他成员国希望如何，它将承认该两国，并在当年12月这样做了。随后，其他成员国决定跟进，以免显示欧洲政治合作的分歧；而这可能导致了动乱和尔后战争的爆发。我们或许可以得出结论，政治上的承认——如果还不是成员国的承认，那么至少欧盟的承认——应该成为欧盟的权限，并由特定多数表决来决定。

也有人觉得，如果及时地干预前南斯拉夫紧迫的经济问题，包括巨额债务，那么战争造成的耗费以及欧盟信誉受到的损害是可以被避免的。在此之后，欧盟一直是最大的援助提供者，每年出资约10亿欧元。它还帮助进行民事维和活动，例如监督选举、训练和部署警察、扫雷、反恐怖主义活动以及援助机构建设。彭定康为此而建议建立的欧盟"非军事快速反应设施"，与将在2003年前建立起来的军事快速反应部队一起，可以在欧盟现有力量的基础上，协助防止冲突。

彭定康与索拉纳还向2000年3月的欧洲理事会提交了一份涉及面更广的联合报告，总结了欧盟在西巴尔干国家的经验。他们批评决策缓慢、繁琐：在一项提议提交理事会前，得由成员国官员组成的两个委员会来审议；而理事会中的全体一致议决程序，使所能采取的行动只能是在“最一般化事务”的层面上。由于成员国的计划没有与欧盟的计划密切协调，因此事倍功半。最为危险的是，由于其预算程序（本书第八章作了概述），欧盟不能迅速和有效地兑现其承诺：成员国政府没有及时支付它们同意承担的费用；理事会从共同外交与安全政策日常预算中开支这些费用（这些费用并未编入预算）的愿望，也难以按与紧急状态相符的快速反应来兑现。

经历了 3 次战争之后，欧盟现已启动了一项《东南欧稳定公约》，随后将与各个西巴尔干国家——包括现南斯拉夫，如果民主政体能稳定地在该国建立起来的话——缔结《稳定与联系协定》。支持此举的是一项对西巴尔干国家的援助计划，预计在 2000—2006 年间将耗资约 55 亿欧元，其中一半来自欧盟预算，一半来自成员国；援助款的五分之二将留给民主的塞尔维亚。1999—2000 年成员国在科索沃战争与维和上的开支，估计不比 2000—2006 年援助计划的整个开支少多少；而在共同外交与安全政策这个重要领域的进一步失败，将给欧盟声誉带来十分巨大的损伤，更不用说给西巴尔干人民造成的损失。月复一月的拖延使这种风险进一步加剧，然而目前调拨资金的决策依然极其缓慢。

不过，要是和平得到实现，《稳定与联系协定》加上援助计划应该能使这些国家继中东欧国家之后，最终取得欧盟成员国的资格。而这将为它们保证持久的和平与繁荣，前提则是欧盟本身能强化到足以接受 30 个以上成员国。

俄罗斯与独联体国家

前苏联的 3 个波罗的海共和国——爱沙尼亚、拉脱维亚和立陶宛，在苏联解体后拒绝加入俄罗斯组织的独联体，而是着手进行加入欧盟的谈判。加入独联体的国家中，有 6 个可称为欧洲国家：亚美尼亚、白俄罗斯、格鲁吉亚、摩尔多瓦、乌克兰和俄罗斯本身。因此，如果满足了稳定的民主政体与竞争的市场经济的条件，这些国家可以申请加入欧盟。

拥有约 1.5 亿人口的俄罗斯是如此之大，甚至会颠覆

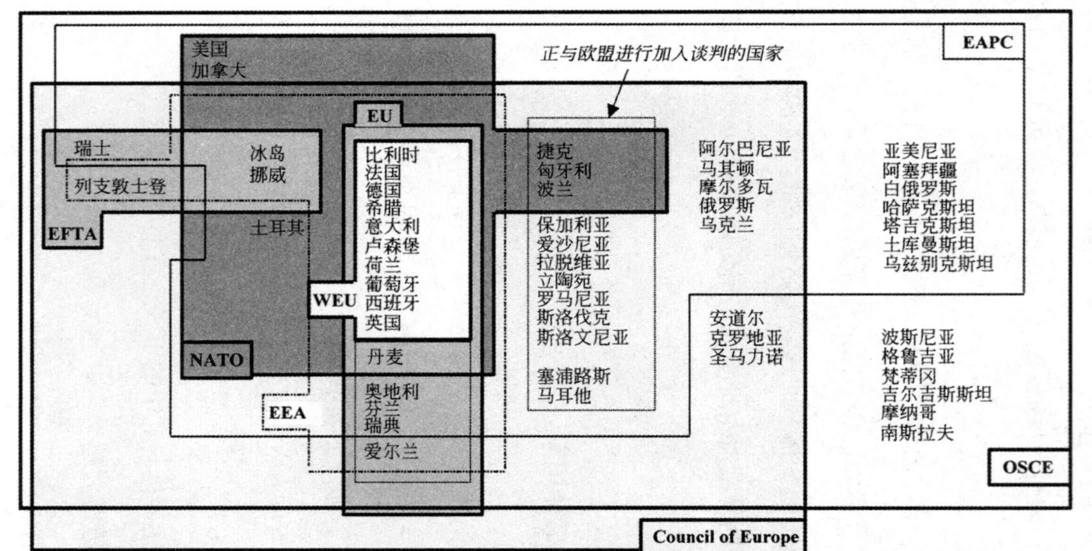

EAPC=欧洲-大西洋伙伴理事会；EEA=欧洲经济区；EFTA=欧洲自由贸易区；EU=欧洲联盟；NATO=北大西洋公约组织；OSCE=欧洲安全与合作组织；WEU=西欧联盟。

地图 4 欧洲的构架。

整个欧盟的政治制度。因此它的加入，几乎不会比地域上不在欧洲但文化上属于欧洲的美国的加入更具可行性；换言之，那是不可能的。尽管其他 5 国可能最终成为候选成员国，但欧盟首先得面对吸收中东欧国家的艰巨任务，更不用说吸收土耳其了。独联体中的欧洲国家，经历了许多困难，曾经有 70 年的时间是作为苏联的一部分，它们面对着努力使自己转变为市场经济与多元民主国家的重大问题。因此至少在未来相当长的时间内，它们只能被认为是欧盟对外关系的伙伴，而不是潜在的成员国。

乌克兰是具有约 5,000 万人口的一个大国，与白俄罗斯和摩尔多瓦一样，它与扩大后的欧盟有着共同边界。欧盟应该尽力促进这些国家的稳定。但对欧盟对外关系构成重大挑战的是面临巨大困难、具有巨大潜力和拥有巨大核武器储备的俄罗斯。

在米哈伊尔·戈尔巴乔夫进行自由化改革后，作为回应，欧盟在 1990 年与俄罗斯缔结了一项贸易与合作协定，并同意对之提供经济援助。德国在而后的 5 年间提供了约 400 亿埃居的援助，包括一笔巨款作为对戈尔巴乔夫将俄罗斯军队撤出东德的回报。其他成员国与共同体一共提供了150亿埃居。共同体在1991年发起了一项援助计划，该计划在当年苏联解体后被称为对独联体国家的技术援助计划（TACIS）。TACIS预算约为每年5亿埃居，其中三分之一用于俄罗斯，十分之一用于乌克兰，四分之一强用于地区计划，其余用于其他11个独联体国家。该计划着重支持企业结构调整与发展、行政改革、社会服务、教育等，而最大的项目是占地区计划很大一部分的核安全。

对俄罗斯而言，进入欧盟市场没有什么问题，因为它的出口产品主要是欧盟并不征收关税或规定配额的石油、天然气、木材、钻石与其他材料，唯有钢铁等产品曾被征收过反倾销税。为鼓励工业品出口，欧盟对独联体国家提供关税优惠。其后欧盟与独联体国家间还缔结了大范围的《伙伴关系与合作协定》，其内容与《欧洲协定》有些类似，但有重要的不同：要到独联体国家经济转型进一步取得进展后，自由贸易才可"最终"实施；鉴于协定中提及的合作主要靠比PHARE项目的规模小得多的TACIS项目进行，因此也就更为有限；协定中没有提及欧盟成员国资格；而由于不存在加入欧盟的前景，其联系机构虽说与《欧洲协定》的机构相仿，却没有那么多实质性问题可讨论。但

TACIS 开支在各领域的分配 (1991-1997 年)

(百万欧元)

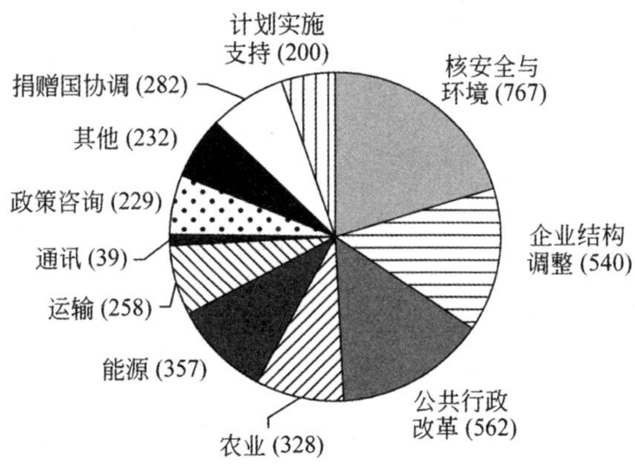

年均开支 5.42 亿欧元

与欧盟签订协定的独联体国家

欧盟与下述国家签订了《伙伴关系与合作协定》：

亚美尼亚	哈萨克斯坦	俄罗斯联邦
阿塞拜疆	吉尔吉斯斯坦	乌克兰
白俄罗斯	摩尔多瓦	乌兹别克斯坦
格鲁吉亚		

因为欧盟－俄罗斯关系的重要性，与俄罗斯的联系关系应该是例外。

由于俄罗斯政治的不稳定以及经济缺乏坚实的法律与行政体制，欧盟与它的关系并不一帆风顺。北约扩大至接纳波兰、匈牙利与捷克已造成了欧盟与俄罗斯的关系紧张，而波罗的海三国追随它们加入的可能性，更是潜在的紧张局势的来源。俄罗斯在车臣的军事行动使欧盟这一方感到不快。不过俄罗斯对欧盟及其扩大并无恶感，而与一个稳定和发展的俄罗斯的良好关系也将使欧盟获益匪浅。弗拉基米尔·普京是比鲍里斯·叶利钦更加高效的一位总统；所有这一切很大程度上取决于俄罗斯能多远和多快地实现其必要的经济与政治进步。但要对此进展作出重大的贡献，是欧盟共同外交、安全政策，最重要的是对外经济政策面临的主要挑战之一。

如果可以与俄罗斯形成真正的伙伴关系，那将是欧盟欧洲政策及其与外部世界关系中极为重要的一环。

第十章

欧盟与世界

共同体显示了通过何种途径“联邦机构可以将高度发达的国家联合在一起”，或许可以作为一个如何“构建一个更加繁荣与和平的世界”的榜样。这是让·莫内 1954 年在纽约哥伦比亚大学向学生表达的希望。[1] 现在已很少有人心存如此崇高的目标。和其他国家一样，欧盟所关注的是自身的利益，不过其中确实包括构建一个繁荣与和平的世界。那么撇开其榜样之说不谈，其行动又为此作了哪些贡献呢？

共同体作为贸易大国

从马歇尔计划到共同体的诞生与初期发展，美国为

1 以共同体“为榜样”之说，见让·莫内：《建设中的欧洲合众国：1952—1954 年讲演》（巴黎，1955 年，第 128 页）。

欧洲的联合提供了资助。莫内则报以一个日益平等的欧共体－美国伙伴关系的主张。在执行共同对外关税的欧洲经济共同体建立后不久，美国作出了回应，发起了《关贸总协定》的肯尼迪回合贸易自由化谈判。在经历了 5 年的艰难谈判后，终于在 1967 年达成了双方平均削减关税三分之一的协定。

如果不是因为共同体有了共同关税这个对外政策手段而成为与美国地位平等的贸易伙伴，是不可能削减关税的。正如华盛顿的一位观察家所说的那样，欧共体“现在是《关贸总协定》中最重要的成员国”和进一步贸易自由化努力的关键。[1] 在而后的《关贸总协定》各个回合谈判中，随着战后时期美国创造冲力的减退，欧共体确实起到了这种作用。在最近的“乌拉圭回合”（1986 年于乌拉圭开始、1994 年结束）谈判中，共同体扮演了主角。由于大多数工业品关税已经很低，因此谈判重点转向了非关税壁垒；而在这方面，单一市场计划使共同体在处理贸易自由化的技巧上，掌握了非凡的经验。在以世界贸易组织取代《关

1　欧共体作为“《关贸总协定》最重要的成员国”之说，见劳伦斯·克劳斯：《欧洲经济一体化与美国》（华盛顿，1968 年，第 225 页）。

贸总协定》上，它的经验也发挥了作用。世贸组织拥有包括服务贸易在内的更为宽泛的职能，并具有更大的解决争端的权力，也许是朝着验证一个说法迈出了一步，即欧共体作为“有效国际立法范例”或许可以在某个阶段“在世界层面上再现”。[1]

当然，共同体的贸易关系并不总是令人愉快的——远远不是如此。其间存在着通常的利益冲突，至少是参与者自认为属于它们的利益之间的冲突，而农业总是争端的焦点。贸易保护主义的共同农业政策，损害了澳大利亚、加拿大、新西兰与美国等贸易伙伴的利益。前3个国家原本在英联邦优惠制度下可以免税出口农产品到英国，因此它们受损尤甚；在英国加入共同体后，除了新西兰黄油配额等少数例外，它们的农产品面临着共同农业政策保护主义的沉重打击——要是英国在《罗马条约》谈判时就加入，这种打击原本可以避免。直至20世纪90年代共同体开始实施一些重要的改革，将对某些重要产品的保护水平削减了将近一半，这种损害才有所缓和。各国在乌拉圭回合达

1 欧共体与“有效国际立法”之说，见托马索·帕多阿－希奥帕：《欧洲金融与货币一体化：1990、1992与以后》（伦敦与纽约，1990年，第28页）。

成协议，将在下个回合谈判中消除阻碍贸易的出口补贴。这对共同体将是一个严峻挑战。

共同体与美国在农业上趋于接近，但在环保、文化与消费者保护等问题上一直存在分歧：欧洲实行的标准限制了来自美国的进口，美国则认为那是贸易保护主义。转基因生物、经过激素处理的牛肉、高噪声飞机发动机、数据隐私、电影与电视节目等，都是争议所在。人们希望世贸组织将建立一种监管体制，使此类冲突不致失控。

与此相反，随着在《关贸总协定》框架下接连几个回合的关税削减，共同体特惠制所引起的摩擦得到了缓解。此制度涉及面很广，几乎包括了整个欧洲与第三世界，排除在外的只有澳大利亚、加拿大、日本、新西兰、南非与美国等少数国家。欧共体为一些特定国家提供的优惠，使美国大为光火。另一方面，特惠制使欧共体与大部分第三世界国家建立了关系；欧盟在重启世贸组织结构内的首个回合谈判上能作出何种贡献，将是对这种关系的价值的检验。1999 年末在西雅图举行的世贸组织首次会议以未能达成任何协议而告终，主要就在于它们之间的分歧：包括美国与欧盟在内的一些国家想将环保与劳工标准纳入议程，而第三世界国家则不同意。

欧共体、《洛美协定》、欧洲－地中海进程

虽说与美国的关系对所有成员国都很重要，但各成员国与世界大多数其他地方的某些国家也建立了特殊的关系；许多此类关系已成为整个共同体所共有。

与许多其他事务一样，这种关系也是源自《罗马条约》。法国希望给其殖民地以优惠，并将此作为批准该条约的条件。为此，整个共同体同意来自这些地区的产品免税进口，并通过欧洲开发基金（EDF）对它们提供援助。比利时、意大利、荷兰的领地也同样如此。据此建立的“联系关系”，就是现今《洛美协定》的雏形。迫于法国的压力，共同体还与摩洛哥和突尼斯签订了优惠协定；这些协定是目前与地中海国家所达成的意义深远的那些协议的先行者。

在前殖民地取得独立后，与之的联系关系变为一项具有联合机构的《洛美协定》，其中包括部长理事会、大使委员会与议员大会。随着英国的加入，非洲、加勒比海与

欧盟商品贸易的区域伙伴（1998年）

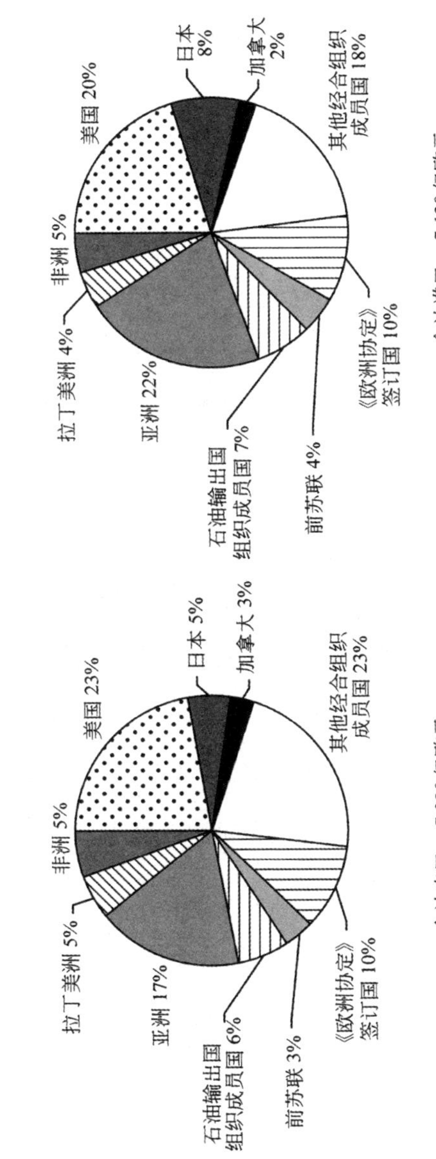

太平洋沿岸的英联邦国家纷纷加入了《洛美协定》谈判。这使参加国家扩大到包括大多数非洲国家、加勒比海岛国以及一些太平洋岛国，并被统称为非加太国家。协定消除了殖民制度的某些残余，并将援助提高至 20 世纪 90 年代的每年 30 亿欧元的水平；协定还提供资金，以缓解联系国因出口收入下降而受到的冲击。

《洛美协定》的参加国为数众多，其联系国在本世纪之交达到了 71 个，包括除南非和地中海国家之外的所有非洲国家。经济比较发达的南非，在废除种族隔离后也有了建立正式关系的资格，而一项双边的贸易与合作协定被视为比《洛美协定》更加合适：它可促进南非经济的成功，这对非洲南部的未来以及对世界范围的种族关系具有至关重要的意义。但由于欧盟的外交政策机构过于无力，竟然无法将具有如此显而易见的迫切性的政治问题转化为必要的行动，致使此协定的谈判持续了 5 年之久。

2000 年，《洛美协定》在十分困难的环境下第五次续签。由于《关贸总协定》接连几个回合的关税削减，联系国享有的优惠幅度被降低，它们有所不满；欧盟感到担忧的是，投入了巨额援助，但至少部分是因为治理不善，几

欧盟的《洛美协定》伙伴

《洛美协定》将欧盟与71个非洲、加勒比海与太平洋(ACP)国家联系起来，对它们出口至欧盟的产品予以免税或优惠，并援助它们的经济与社会发展：

安哥拉	斐济	卢旺达
安提瓜与巴布达	加蓬	圣多美和普林西比
巴哈马	冈比亚	塞内加尔
巴巴多斯	加纳	塞舌尔
伯利兹	格林纳达	塞拉利昂
贝宁	几内亚	所罗门群岛
博茨瓦纳	几内亚比绍	索马里
布基纳法索	圭亚那	圣基茨和尼维斯
布隆迪	海地	圣卢西亚
佛得角	牙买加	圣文森特和格林纳丁斯
喀麦隆	肯尼亚	苏丹
中非共和国	基里巴斯	苏里南
乍得	莱索托	斯威士兰
科摩罗	利比里亚	坦桑尼亚
刚果共和国	马达加斯加	多哥
刚果民主共和国	马拉维	汤加
科特迪瓦	马里	特立尼达和多巴哥
古巴	毛里塔尼亚	图瓦卢
吉布提	毛里求斯	乌干达
多米尼克国	莫桑比克	瓦努阿图
多米尼加共和国	纳米比亚	西萨摩亚
赤道几内亚	尼日尔	赞比亚
厄立特里亚	尼日利亚	津巴布韦
埃塞俄比亚	巴布亚新几内亚	

乎所有非洲国家的情况还是很糟糕。然而，顺利续签第五个《洛美协定》，于双方都利益攸关：对于欧盟的联系国，

第五个《洛美协定》（2000-2020 年）

欧盟与非加太国家（见本书 334 页方框文字）于 2000 年协议第五次续签《洛美协定》，协定有效期为 20 年。协定每 5 年可修订一次，援助议定书也以 5 年为期。非加太－欧盟部长理事会每年会晤以审查协定落实的情况。

- **贸易**为协定的核心。欧盟与各个非加太国家就"经济伙伴关系协定"的谈判，将在 2008 年前达成新的贸易协议，以期在 2020 年前建成欧盟－非加太自由贸易区。同时，对出口至欧盟市场的商品继续实行免关税或优惠政策。
- **援助：**除已经调拨但尚未使用的 95 亿欧元之外，最初 7 年的援助定为 135 亿欧元。将对妥善利用援助的国家予以奖赏。
- **减少贫困**应是发展战略中的优先目标。
- 鼓励**非国家行为者**参与发展进程。
- **政治对话**表现了欧盟更为务实的态度：以良好的治理、尊重人权、民主原则与法治为援助政策标准，并采取行

动防止腐败。

欧盟对前四个协定由于许多国家治理不善而成效不佳感到失望，这影响到了第五个《洛美协定》的签订。鉴于此，要发展欧盟－非加太自由贸易区将非常困难。

欧盟的“欧盟–地中海”伙伴

出席欧盟–地中海会议的包括欧盟与12个地中海国家，目标是在2005年前建立一个自由贸易区：

阿尔及利亚	约旦	巴勒斯坦
塞浦路斯 *	黎巴嫩	叙利亚
埃及	马耳他 *	突尼斯
以色列	摩洛哥	土耳其

利比亚具有观察员地位。
* 已成为欧盟成员国。

这意味着援助计划将延续下去；对于欧盟成员国来说，协定将良好的治理作为分配援助的一个标准，而且联系国必须使它们的经济为在20年后与欧盟结成自由贸易区作好准备。此外，在整个20世纪90年代，欧盟在对外关系中愈来愈强调人权，《洛美协定》要求其参加国尊重这些权利。

到70年代末，共同体已形成了一个协定网络，对地中海周边的国家提供优惠和援助。这些协定的内容与《洛美协定》相近，但没有建立多边机构。此网络包括所有北非国家（除了拒绝参加的利比亚）、以色利、黎巴嫩，以及距地中海稍远的约旦与叙利亚。

到90年代，这些国家大多经济困难、政治动荡、人口迅速增长，向欧洲移民的压力因此而增加，引起了欧盟——特别是其南方成员国——的日益担忧。在欧盟决定接纳中东欧国家加入后，采取有力行动的机会来了。德国对扩大的关注似乎更甚于法国、西班牙与葡萄牙。为了增强与这些南方伙伴国在入盟政策上的合作，德国准备同意一项宏大的计划，来支持欧盟的南部邻国。其结果是1995年在巴塞罗那举行了一次欧盟及其地中海伙伴国的部长会议，会议发起了“欧洲－地中海进程”。

欧盟对此进程所作的贡献包括强化其给地中海伙伴国提供的优惠，以及推出一项每年约10亿欧元的援助计划等；而伙伴国同意为在10年后与欧盟结成欧洲－地中海自由贸易区作好准备。此进程还构想了召开部长联合会议，但鉴于伙伴国家间的政治分歧，这已证明难以成行。

对与此地区的关系，欧盟已注入了许多外交努力，希望能在不过于分散其对第三世界其他国家的注意的同时，产生而且也必须产生某些效果。

亚洲、拉丁美洲与普惠制

在加入共同体时，英国为非洲、加勒比海与太平洋的英联邦国家争取到了令人满意的条件。但对于印度、巴基斯坦（当时还包括孟加拉）、斯里兰卡、马来西亚、香港[1]和新加坡这些亚洲英联邦成员——根据英联邦优惠，它们大多可以向英国免税出口——英国没有为之达成特别的协议。不过造成的损害有限，因为在1971年共同体率先采取了普惠制（GSP），对没有从《洛美协定》或地中海协定中获益的几乎所有第三世界国家的出口产品，都提供了进口优惠。这减少了对大多数亚洲与拉丁美洲国家的区别对待。普惠制并不如听起来那么优惠，因为它对“敏感”（亦即竞争性）产品实施配额，将每种产品和每个成员国的优惠限制在预先确定的数量上。不过普惠制还是有助于

1　香港已是中华人民共和国的特别行政区。香港自1842年起由英国租借，至1997年，中国政府按照“一国两制”的原则对香港恢复行使主权。

欧盟、美国、日本等提供的官方发展援助
(1997年)

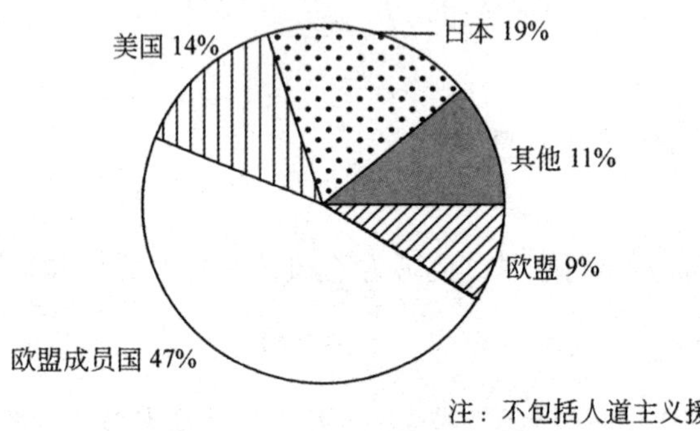

注：不包括人道主义援助

欧盟及其成员国发展援助的受益地区
(1997年)

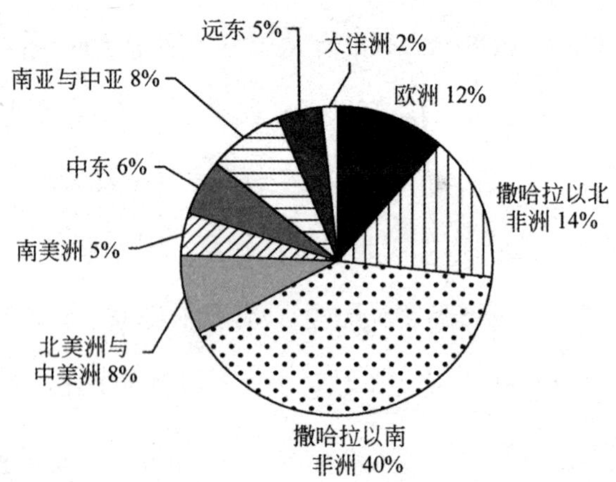

加强共同体与第三世界国家的联系。

随着关税水平的普遍下降，普惠制给予第三世界国家的优惠幅度降低了，但这些国家与欧盟的联系却由于援助计划而变得日益重要。到 90 年代后期，援助——包括人道主义援助和对非加太国家与地中海国家的发展援助——

欧盟与其他第三世界国家的协定与联系

欧盟与下述国家有《贸易与合作协定》:

阿根廷	墨西哥	韩国
巴西	巴基斯坦	斯里兰卡
智利	巴拉圭	乌拉圭
哥伦比亚	南非	越南
印度		

欧盟与下述地区集团有联系：

安第斯共同体（南美）	海湾合作理事会
南方共同市场（南美）	东南亚国家联盟
圣约瑟集团（中美）	南亚区域合作联盟

欧盟的普惠制面向几乎所有第三世界国家。

达到了每年约60亿欧元。共同体还与包括印度、墨西哥与巴西的主要第三世界国家，缔结了双边贸易与合作协定，加强了与它们的联系。它还与东南亚国家联盟等区域集团签订了协定。1986年葡萄牙与西班牙加入以来，它们与拉美国家的特殊关系，也纳入了其他成员国与非洲和亚洲国家的关系网。

尽管这些协定、优惠和援助对经济的影响难以衡量，甚至可能成效并不太显著，但欧盟在政治上赢得了认可，这可能有助于其今后与第三世界国家关系的发展。

货币、安全、环境

虽说共同关税使共同体成为可与美国匹敌的贸易伙伴，但在欧元出现之前，它在国际货币体系中并没有可与美元抗衡的货币手段。挑战美国霸权是法国长期以来支持单一货币的动机之一；美元汇率的波动也使其他成员国不安。美元的疲软先是打乱了共同体在70年代初期创建单一货币的尝试，然后促使欧洲迈出了货币一体化的第一大步，在1979年建立了欧洲货币体系。在80年代，美国旨在抑制通货膨胀的高利率政策，诱发了许多第三世界国家的债务危机，延误它们的发展达 10 年之久。

当掌握着优势货币的人们，面临着或是应对本国问题或是考虑其选择对他国经济影响的抉择时，他们自然而然地选择本国的利益。欧洲在 90 年代也经历了这种时刻，那时德国为控制统一后带来的通货膨胀而采取了高利率，但在优势马克的影响下，其他国家的经济衰退加速了。这对促使人们支持单一货币以及一项满足参加国整体需要的货币政策，又加了把力。尽管这还不足以对付美元在世界体系中的统治地位，欧元的抗衡作用却可以提供一种次佳的解决途径。

因此欧元是有着不同经济周期的另一个货币来源，可以在美元走势对其他国家不利时抵消美元的影响。更为积极的是，虽说欧盟的货币政策最初是对内的，欧元却可以成为有利于国际货币稳定的汇率政策的基础。不过由于执行该政策的责任分属欧洲中央银行和财政部长理事会，安排方式存在问题，欧元的作用因此而大打折扣。欧元也可以和美元与日元一起，发起一种稳定货币汇率的国际制度；但在这方面，它的体制缺陷更因为各国财长对此类决定拥有的否决权而雪上加霜。如果不进行适当的体制改革，欧盟将不可能在国际货币体系中担负起重任。在国际货币基金组织中，欧盟各成员国的表决权加起来将近美国的两倍；但如果它们不以一个声音提出共同政策，欧元也不可能在其中施加应有的影响。为此，欧盟可能还需要一段时间，才能充分利用欧元提供的机会，像共同贸易政策很久以前便在贸易方面做到的那样，以一种更加平等的关系取代美国霸权。

然而在可以预见的很长一段时期，美国的防务霸权仍将不可撼动。欧盟不仅得对任何独立于美国战略力量的尝试承担巨额开支，由此而建立的军力还得由一个稳定的欧洲民主国家来控制，而这还需数年可靠决策的支持。因此欧盟仍然需要美国领导下的北约战略屏障，它在防务领域的努力将局限于能对维持和平——更为雄心勃勃的是，对调解——作出贡献，尤其是在由联合国发起的行动中。为保卫欧盟的领土不受任何严重的威胁，欧盟将继续依赖美国的保护。

毋需军事力量的软安全则完全是另一回事了。欧盟有充分的能力通过民事手段对防止冲突和维持和平作出贡献。

它在前南斯拉夫已经获得了有关的经验，在此基础上，如彭定康所建议的非军事快速反应能力那样的设施，可以很快建立起来。通过共同外交与安全政策达成的此类共同立场，也能发挥作用。但除非欧盟有更好的方式为此提供资金，且取消相关决策中的否决权，否则它动用诸如非军事快速反应设施等共同手段的能力，将仍然存在严重缺陷。

环境也可以被看成是安全的一个重要方面，因为全球变暖和臭氧层的破坏是对世界人民的福祉乃至生命的最严重威胁之一。如同我们在第六章所了解的那样，欧盟在处理此类问题的国际行动上，作出了重大贡献：在控制破坏臭氧层的全氯氟烃上采取主动，并在限制使用引起全球变暖的“温室气体”（特别是因使用煤炭与石油而排放的二氧化碳）的京都谈判中起到了带头作用。《京都协议》规定的温室气体排放削减量大约只相当于欧盟建议的一半，美国的反对是主要原因。美国还以第三世界国家也接受该协定作为其批准该协定的先决条件。但绝大多数第三世界国家拒绝接受该协定，除非对它们提供充分的援助，以帮助它们采用必要的环保技术来保持经济发展；美国则拒绝接受这个条件。与许多第三世界国家有着密切关系的欧盟，或许更能理解将控制二氧化碳排放和可持续发展援助结合起来的必要性。

由于欧盟的决定在成员国中并不能以法律手段强制执行，它本身能否执行温室气体的削减还是个疑问；而且它的国际谈判方案也因为有关二氧化碳排放的重要决定可被否决而遭削弱。然而京都谈判显示了欧盟在这方面的潜力。在德国与斯堪的纳维亚国家的带动下，欧盟成员国已位居最具环保意识的国家之列。假以适当的体制改革，欧盟也许可以充分发挥其作用来达成国际协议，应对否则可能无法解决的问题。

欧盟对世界的作用

美国霸权过盛对美国和其他国家都是危险的。这种重担不是一个国家所能独力担负的，而只有欧盟，在经济、环境与软安全方面（但不包括防务），至少有潜力可作为其对等伙伴。欧盟在世界贸易体系中的成就表明了强有力的机构运用共同手段能有何作为。

欧元奠定了欧盟在国际货币体系中发挥类似作用的基础，但这要求负责对外货币政策的机构必须进行适当改

图 17 两位领导人会晤：克林顿与德洛尔。

革。欧盟也大有能力在全球环境保护方面采取行动，尽管它在这方面的权力也需要加强。欧盟在包括非军事维和行动在内的软安全上能力正在增强，可以对美国无可匹敌的军事力量起到必要的平衡作用；而欧盟正在创建的军事手段，也使其有机会在军事上发挥补充作用。

其他大国将在 21 世纪出现，形成一个多极的世界。对一直高踞权力顶峰的那些国家，要进行调整以适应权力关系的这种变迁总是很难的。如果美国已经适应了与欧盟在贸易上以及其他方面的平等伙伴关系，那么它将更容易适应这种变迁。而欧盟与北半球和南半球国家都建立了关系网，将处在一个有利的地位，能推动建立一种可以顺应大国崛起这一新局面的稳定的世界体系。

欧盟自身在机构、政策与立场事务上的经验，帮助其成员国和平共处达半个世纪之久，再加上其在世界范围的关系网络，应该有能力影响其他国家朝着相似的方向前进。不过莫内所认为的此类机构可能有助于开创一个繁荣、和平的世界的想法，只能在相当苛刻的条件下实现。只有在愿意接受共同法治，并有能力建立共同立法机构进行立法和有能力形成一种政体以依法贯彻政策的多元民主国家，才有可能实现必要的主权共享。这些条件很大程度上在欧盟内已经具备，但在世界的许多地方并不存在。尽管欧盟可以帮助联合国与其他国际组织变得更为有效，但除非多元民主成为整个世界的常态，否则共同体类型的全球机构是不可能建立起来的。但以此为目标的欧盟政策，符合其国家与公民的长期利益；因此即便需要经历一个漫长的时段，欧盟的经验表明，启动一个朝着这个方向的进程，可能已经开始改变国与国之间的关系。

第十一章

尚算圆满，但今后如何?

自《舒曼宣言》启动建立欧盟的进程以来，欧盟在这半个世纪中已经取得巨大进展。欧盟成员国已经包括几乎整个西欧，不久还将包括中欧与东欧的大部分；它们之间的战争事实上已经不可想象。本书的前面章节告诉我们，在这50年中，机构、权力与政策已经确立，以处理单个国家的政府无法处理的事务。现在我们可以试着总结一下欧盟已经做了什么，并探索其未来又将如何。

权力及手段是否与目标相称?

欧盟在拥有行动的权力与手段的领域，便有能力实现其目标。这种权力和手段可以是法律的，例如单一市场机制；可以是财政的，例如预算和共同对外关税；可以是金融的，例如援助计划和当前的单一货币。建立在成员国权力和手段基础之上的合作也很有益，但如果没有共同权力与手段的核心，这种合作不会有多大作为。

尽管单一市场立法在一些领域并不完善，而且还需要进一步的发展以适应电子商务与信息技术带来的新经济，但它为经济发展与繁荣提供了一种架构。单一货币则在货币领域中完善了单一市场，尽管目前它并不应用于所有成员国。

欧盟预算将资源注入到那些被认为需要支持的部门，最初是农业，但愈来愈多地是向欠发达地区与成员国。农业开支曾造成成员国间的冲突，援助较贫困地区的结构性基金则得到了更为普遍的赞同。即将向中东欧的扩大会带来增加结构性基金的压力，但可能并不一定需要大幅增加欧盟获取税收的权力。

因此，在经济领域，欧盟并不需要增加太多的权力。在环境方面也是如此——它需要的不是更多的权力，而是使用现有的权力来制定一种可持续发展的战略。

根据辅从性原则，体现于福利国家之中的社会政策属于成员国的权限范围。该原则许可欧盟在某些与就业有关的社会政策方面进行干预，例如规定不得以通过降低劳动健康与安全标准来进行社会倾销。在包括社会安全在内的一些事务中，存在着一个灰色地带——那些希望建立欧盟统一标准者和那些认为扎根于不同社会文化的差异不容干涉者之间，存在着分歧。目前双方意见仍不一致，但后一种观点一直占据上风。

利益集团与联邦主义者推进着经济与环保目标及相关权力的实现，以及工人跨内部边界的自由流动。而推进所有人员在欧盟内自由流动的，却是除丹麦、爱尔兰与英国外所有成员国都接受的联邦观念。不过所有国家都参与了打击跨界犯罪的措施。在对外关系方面，欧盟的权力旨在保护和促进共同利益，包括国际经济与政治制度的稳定。最有力的手段是接纳其他欧洲国家加入，从而使之整个参与欧盟的机构和分享权力。这应该能在若干年后使欧盟的稳定与繁荣区域扩大到包括欧洲的大部分。

在对外贸易上拥有的权力，加上共同对外关税这一手段，使欧盟有能力不仅在国际自由贸易中将美国霸权转变成欧盟－美国伙伴关系，而且还能促进自己的利益。贸易保护主义的共同农业政策则背道而驰，损害了欧盟与某些贸易伙伴的关系；尽管纠正这种扭曲的改革来得十分迟缓，但它们正在逐步完成。欧盟将优惠政策与援助相结合，加强了与大多数第三世界国家的联系。除了在国际贸易体系中发挥影响，欧盟还利用其在环保方面的力量，在保护臭氧层和控制全球变暖的国际谈判中起到了主导作用。

欧元的诞生使欧盟拥有了一种潜在的可以在国际货币体系中施展的有力武器。但除非它在对外货币政策上作出必要的机构安排，否则在此领域中欧盟将美国霸权转化为伙伴关系的潜力，就不大可能实现。

在防务上，欧盟军事一体化的渐进途径，并非旨在挑战美国的军事优势这一既成事实，但应该可以在一些特定的场合服务于欧盟的利益。倒是在非军事层面，包括在民事维和领域，更为重要的是在经济、环保与政治领域对欧洲及世界的稳定作出的贡献上，欧盟可与美国的力量互补。欧盟处在一个独特的位置，可以通过在除防务外的所有领域建立平等的欧盟－美国伙伴关系，促成由美国在全球的霸权格局向今后必须发展的多极世界体系过渡。目前，欧盟并不需要太多新的权力来完成这一使命，它需要的是进一步改革机构，以便能有效地行使已有的权力。

机构：如何有效？如何民主？

欧洲怀疑主义者倾向于认为，若不将向欧盟移交权力和改革欧盟机构加以区分，“更加紧密的一体化”是不可取的。然而这是两个非常不同的问题：只有在欧盟可以更好地服务其公民而各成员国无法做到时，才有理由向其移交权力；而除了在防务上，欧盟已经具有辅从性原则所赋予的大多数权力。然而，权力一旦移交后，除非由强有力的民主的欧盟机构来行使，否则它们不可能服务于公民的利益。

政治机构需要一种法治的环境，在属于共同体权限的事务上，法院会确保法治的存在。

然而，在普遍实施全体一致议决的场合，理事会则不那么有效；单一市场立法在实施特定多数表决前的不足，证明了这点。鉴于特定多数表决现已适用于五分之四的立法和所有预算，理事会已变得更为有效。但在将特定多数表决进一步应用于所需领域上，《尼斯条约》只起了部分作用。在欧盟尚有赖于利用成员国的手段的场合，例如在防务上，全体一致议决和增强合作仍然是实际可行的程序。但随着成员国数量的增加，在诸如联系与加入条约、机构某些重要职务的任命以及汇率安排的国际协议等依然实施全体一致议决的事务上，人们对欧盟采取行动的能力必将有越来越多的质疑。

委员会在履行其作为共同体执行机构的职能方面拥有实权，但在确保成员国切实执行共同体委托它们执行的任务上有所不逮，而且理事会与小组委员会网络的干预也影响着委员会执行共同体决策的有效性。在 1999 年 3 月欧洲议会迫使委员会集体辞职之前，委员会自身的管理文化也成了它的一个严重缺陷。不过新委员会开始进行的改革，应该会带来重大的改进。

议会在迫使前委员会辞职中起到的作用，显示了民主约束如何可以对有效性作出贡献。但议会在立法和预算上的影响依然受到条约的限制，而条约只是规定在大约半数的相关场合，由它与理事会平分权力。理事会对占预算一半的农业开支保留了控制权，但其作为很难说是杰出的。议会在它与理事会共同决定的另一半预算以及一半立法上，表现值得称道。

《尼斯条约》在扩大共同议决的实施范围方面几乎无

所作为，这是个严重的疏漏。要是共同议决还是不能加以完善，欧盟将是在忽视争取公民支持的一种必要手段。除非公民能既忠于其国家又忠于欧盟，否则他们可能成为离心力。代议制民主系公民权的重要组成部分，忽视它的辉煌历史是不明智的。要是公民觉得议会并没有与理事会处在平等地位，他们不可能将它看成是足够重要的代表途径。代表各国的理事会也是欧盟立法的必不可少的部分，但即便它向公众开放其立法会议，理事会仍将由于其含混不清的半外交谈判制而备受关注。从长远来看，公民在一个强有力的议会中有其代表，是他们支持欧盟的必要条件。

工作场所性别平等的有关规定取得了成功，这表明公民权如何可以唤起公民对欧盟的支持。条约不但要求各机构尊重《欧洲人权公约》，还规定了一些大多与劳动有关的其他权利。由欧洲议会议员、成员国议会议员以及各国政府代表起草的《基本权利宪章》，受到了欧洲理事会尼斯会议的欢迎；这对公民有好处，只是宪章的法律地位仍有待决定。但对所有公民而言，最重要的是欧盟在处理他们所需事务上的有效性。欧盟必须让人们看到，在面临重大挑战的时刻，包括即将到来的扩大，它将采取类似行动。

灵活性与联邦制

第二支柱共同外交与安全政策中加入了灵活性，成员国可以自由选择是否参加共同立场或行动。只要共同外交与安全政策仍要依靠成员国间的合作并利用成员国的政策手段，这也许是不可避免的，但这种灵活性使第二支柱比共同体支柱低效得多。不过，《阿约》提出了所谓的"增强合作"程序，对自由选择是否参加共同体行动作了规定。

回顾共同体最初成立之时，6个发起国中的许多人将增强合作看作是让核心成员国再度前进的途径。犹豫不决的伙伴可而后再跟进。根据这种观点，英国与丹麦是主要问题所在；不过也有人担心中东欧国家可能会妨碍欧盟的发展，除非先行集团可以不必等待它们而继续前行。但《阿约》与《尼斯条约》所预见的增强合作，不可能产生先行集团，而只会造成不同国家集团的选择参加或不参加。对各个国家集团分别实施的立法愈来愈多，势必削弱共同体内的法治、单一市场的经济效率以及公民对欧盟的理解。如果共同体在其权限范围内已取得必要的权力，那么并不值得为不怎么重要的立法动议而冒此风险；而且共同体事实上确实拥有这些权力，但成员国可以选择不参加单一货币体系是一个重要的例外。

英国选择不参加是关键所在。人们对英国游离于欧元区之外一直颇有争议。对此，笔者的立场很明确：英国应该参加。我们也必须认识到，一个重要成员国不参加一项主要的计划，同样会削弱欧盟并增加新成员国步其后尘的风险，一般来说会使欧盟分崩离析，除非欧元区的核心确实构成了一个一体化的先行集团。一个瓦解的欧盟必然造成一个不稳定的欧洲，一个英国逐步被边缘化的欧盟也必然使英国与伙伴格格不入；这两种前景都不符合英国的利益。与其如此，倒不如像挪威与瑞士那样，与欧盟建立一种自由贸易关系。

民意调查表明，三分之二的英国人反对加入欧元区，但 80%的人预计英国会在 2010 年前加入。这样的消极接受而不是积极参加，一直是英国对欧盟的典型反应；公民的态度正是政界人士推迟加入共同体和而后的某些发展计划所致，而这种消极接受损害的是英国、某些英联邦国家以及欧盟本身的利益。与此相反，英国参加单一市场计划是积极的，从而使英国和其他成员国都受益。因将自我排除在欧元区之外而造成的困境，将很可能被看成是由拖延而造成的损害的另一个例子。[1]

自 1997 年以来，托尼·布莱尔政府表现出更为合作的迹象，试图打破这种勉强接受和选择不参加的模式：发起了英－法防务倡议，推动欧盟的新经济政策，总的来说对欧盟也更为拥护。但似乎依然令人不可理解的是，一旦接受了欧元之后，除了渐进的防务作用外，“更紧密的一体化”只很有限地涉及欧盟的权力，而主要是与完成使共同体机构更加有效和民主的进程有关；在此方面还有一个最重要的要求，即欧洲议会需获得充分的共同议决权。

英国对机构改革进程的理解因为其对“联邦制”字眼的误解而模糊不堪。在其他国家，联邦制通常指其狭义，即包括两个或更多层次的民主政体，使各级政府更接近民

1　先前的例子应该是 20 世纪 50 年代后期发起建立共同体之时，英国拒绝 6 国的参加邀请；而在 60 年代初它申请加入后却屡遭戴高乐否决。

众，并因循辅从性原则，担负起它们能有效行使的职能。

在英国，由于我们特殊的宪法发展史，“宪法”这一字眼听起来也有些吓人。其实宪法不过是一种手段，使游戏的原则与规则不仅让政客与律师明白，也能让其他公民理解，其实质是要使欧盟机构有效和民主。有关宪法的内容可以集中在条约的一个单独的部分——这决不会引起恐慌。2004 年召开的政府间会议应有助于欧盟与成员国之间的权力分工，并澄清这些事关机构的问题。

倘若不进行改革使机构充分有效和民主，即便服务民众利益的能力逐渐下降，欧盟或许还可以存在很长时间，但却存在停滞不前和逐步解体的风险。倘若进行适当的改革，欧盟将有能力为欧洲的新经济与民主稳定提供架构，并有助于发展一个多极的世界体系，促进安全和可持续发展。英国人民如选择积极参与而不是消极接受，他们就可以为上述目标的切实实现作出重要贡献。

其他参考材料

有关欧盟的学术文献浩如烟海，但适合一般读者或刚入门的学生的读物不是太多。

我所建议的**一般入门书籍**中，包括拙作 *The Building of the European Union*（Oxford, 第 3 版，1998 年，297 页），希望大家不要见怪。该书比本书详尽，但相当易懂。Desmond Dinan 的 *Ever-Closer Union*（Basingstoke，第 2 版，1999 年，596 页）是一部信息量更大的学术入门书。有关欧盟发展道路的联邦主义观点，可参阅 Michael Burgess 的 *Federalism and European Union; The Building of Europe, 1950—2000*（London, 2000 年，290 页）。有关欧盟的主要政策，可参见 Helen Wallace 与 William Wallace 主编的 *Policy-Making in the European Union*（Oxford，第 4 版，2000 年，630 页）的相关章节。Geoffrey Edwards 与

Georg Wiessala 主编的 *The European Union: Annual Review 1999/2000*（Oxford，2000 年，219 页）也涉及了广泛的内容。对于并不着意获得专门知识的读者，欧洲议会前议长 Enrique Baron Crespo 的 *Europe at the Dawn of the New Millennium*（Basingstoke，1997 年，229 页）颇具启迪性与可读性。

Timothy Bainbridge 的 *The Penguin Companion to the European Union*（Harmondsworth，1999 年，592 页）是一本准确和方便的**参考书**。

那些欣赏**传记类读物**的人们，可以从 Jean Monnet 的 *Memoirs*（London，1978 年，544 页）中，了解欧共体的主要创始人是怎样看待至 20 世纪 70 年代的欧共体历史的。有关 1985 至 1994 年德洛尔时期的特点与实质，可参见 Charles Grant 的 *Inside the House that Jacques Built* (London, 1994 年，305 页)。George Ross 则在其 *Jacques Delors and European Integration* (Cambridge, 1995 年) 中，详细分析了德洛尔的政治思想与政治策略。Martyn Bond、Julie Smith、William Wallace 主编的 *Eminent Europeans*（London，1996 年，321 页），生动地介绍了一系列在欧

洲联合中扮演重要角色的人物。Hugo Young 在其 *This Blessed Plot*（Basingstoke，1998 年，558 页）中，评述了从丘吉尔到布莱尔的英国十来位支持或反对欧洲一体化的人物，对英国与欧盟关系的发展提供了远见卓识。

既通俗易懂又真实、公平地反映**机构**运作情况的读物不是太多。Neil Nugent 的 *The Government and Politics of the European Union*（Basingstoke，第 4 版，1999 年，592 页）内容可靠且全面，但读起来不轻松。在拙作 *The Building of the European Union* 中的“机构或宪法”一章，以及 Helen Wallace 与 William Wallace 主编的 *Policy-Making in the European Union* 中由 Helen Wallace 执笔的“欧盟机构：经验与试验”一章，有关于欧盟机构的更为简短的解释。Dinan 在 *Ever-Closer Union* 的第八至第十章中，分别论述了委员会、欧洲理事会与部长理事会，以及欧洲议会。Julie Smith 的 *Europe's Elected Parliament*（Sheffield，1999 年，198 页）可读性强且信息量大。有关法院和一审法院的文献，大都是律师写给律师看的，但 Dinan 一书的第 301 至 315 页作了很好的概括。

在 *The New European Economy Revisited: The Politics*

and Economics of Integration（Oxford，1997 年，306 页）中，Loukas Tsoukalis 对**经济与经济政策**领域作了启发性的概述。Christopher Johnson 的 *In with the Euro, out with the Pound* (Harmondsworth，1996 年，256 页) 主张英国加入欧元区，John Redwood 的 *Our Currency, Our Country: The Dangers of Monetary Union*（Harmond-sworth，1997 年，214 页）则反对加入。而 Andrew Duff 主编的 *Understanding the Euro*（London，1998 年，160 页）中，十来位作者从诸多方面对欧元作了论述。对创建单一市场贡献最大的 Cockfield 勋爵在其 *The European Union: Creating the Single Market*（Chichester，1994 年，185 页）中对单一市场作了清楚而有趣的描述。由 Helen Wallace 与 Alasdair Young 执笔的"单一市场"（Helen Wallace 与 William Wallace 主编的 *Policy-Making in the European Union* 中的一章），则介绍了单一市场最新的发展情况。Iain Begg 和 Nigel Grimwade 在其 *Paying for Europe*（Sheffield，1998 年，200 页）中，对预算作了很好的说明。C. Ritson 和 D. R. Harvey 在其主编的 *The Common Agricultural Policy*（Wallingford，Oxon.，第 2 版，1997 年，

448 页）中，对共同农业政策作了很好的阐述。地区政策在 David Allen 的“凝聚与结构性基金”（Helen Wallace 与 William Wallace 主编的 *Policy-Making in the European Union* 中的一章）中有所涉及。Ian Davidson 在其 *Jobs and the Rhineland Model*（London，1997 年，80 页）中，分析了有关盎格鲁 - 撒克逊模式与莱茵模式之争。

Nigel Haig 主编的年刊 *Manual of Environmental Policy: The EU and Britain*（Oxford：Elsevier Science），以及驻布鲁塞尔的美国商会欧盟委员会主办的 *Environment Guide*，每年对欧盟的**环境政策**作一次年度总结，内容非常有用。

尽管欧盟的对外经济政策仍然更为有效和重要，欧盟**对外关系**方面的最新文献却大多与其共同外交与安全政策有关。Simon Nuttall 的 *European Foreign Policy*（Oxford，2000 年，280 页）对此作了权威性的概述；而 Martin Holland 主编的 *Common Foreign and Security Policy: The Record and Reforms*（London，1997 年，210 页）则从不同视角对此政策作了解读。Loukas Tsoukalis 在其著作 *The New European Economy Revisited* 的“欧洲或全球大国”一章中，论述了欧盟的对外经济政策，其中还包括有关即将开始的扩大的一节。有关欧盟扩大的信息量较大的著作还有 Graham Avery 与 Fraser Cameron 的 *Enlargement of the European Union*（Sheffield，1998 年，198 页 ）和 Heather Grabbe 与 Kirsty Hughes 的 *Enlarging the EU Eastwards: Prospects and Challenges* (London, 1998 年，128 页)； 不过在这两本书完稿后，事态发展很快。

“**自由、安全与公正的区域**”也是一个发展很快的领域；截至 2000 年上半年这一方面的进展情况，可参阅 Jörg Monar 为 Geoffrey Edwards 与 Georg Wiessala 主编的 *The European Union: Annual Review 1999/2000* 撰写的“司法与民政事务”一章。

另外，欧盟的网站 http://europa.eu.int 能提供大量全面的信息。

年表（1946–2000年）

20 世纪 40 年代

1946 年 9 月 19 日：丘吉尔号召建立“一种欧洲合众国”。

1947 年 6 月 5 日：宣布马歇尔计划。

1948 年 4 月 16 日：建立欧洲经济合作组织，以协调援助西欧国家的马歇尔计划。

1949 年 4 月 4 日：签署《北大西洋公约》，建立北约。

1949 年 5 月 5 日：欧洲理事会诞生。

20 世纪 50 年代

1950 年 5 月 9 日：作为“欧洲联邦的第一步”，《舒曼宣言》发起了建立欧洲煤钢共同体的谈判。

1951 年 4 月 18 日：比利时、法国、德国、意大利、卢森堡、荷兰 6 国签订《欧洲煤钢共同体条约》。

1952 年 5 月 27 日：6 国签订《欧洲防务共同体（EDC）条约》。

1952 年 7 月 27 日：《欧洲煤钢共同体条约》生效。

1954 年 8 月 30 日：法国国民议会将《欧洲防务共同体条约》搁置。

1954 年 10 月 20 日：6 国与英国建立西欧联盟。

1955 年 6 月 1—2 日：6 国外长在墨西拿同意开始进行欧洲经济共同体与欧洲原子能共同体谈判。

1957 年 3 月 25 日：签订《罗马条约》，从而建立欧洲经济共同体与欧洲原子能共同体。

1958 年 1 月 1 日：《罗马条约》生效。

20 世纪 60 年代

1960 年 5 月 3 日：奥地利、丹麦、挪威、葡萄牙、瑞典、瑞士、英国建立欧洲自由贸易区。

1960 年 12 月 14 日：欧洲经济合作组织更名为经济合

	作与发展组织，不仅包括西欧国家，还包括加拿大和美国。
1961 年 7 月 31 日、8 月 10 日：	爱尔兰、丹麦、英国申请加入共同体。1962 年 4 月，挪威申请加入。
1962 年 1 月 14 日：	6 国达成共同农业政策。
1963 年 1 月 14 日：	戴高乐总统终止加入谈判。
1964 年 5 月 4 日：	《关贸总协定》肯尼迪回合谈判开始，共同体起主要作用。
1965 年 7 月 1 日：	法国中断就共同农业政策出资问题的谈判，并抵制理事会会议直至 1966 年 1 月。
1966 年 1 月 28—29 日：	达成卢森堡“妥协”。法国重返理事会，但坚持在危及“至关重要的”利益时实行全体一致议决。
1967 年 5 月 11 日：	英国再度提出加入申请，爱尔兰、丹麦、挪威随后也再度申请加入，但戴高乐依然表示反对。
1968 年 7 月 1 日：	关税同盟提前 18 个月建立。

1969 年 12 月 1—2 日：共同体首脑会议就共同农业政策的出资和恢复加入谈判达成一致。

20 世纪 70 年代

1970 年 4 月 22 日：签订《修订条约》，将共同对外关税、农业进口税以及部分增值税作为共同体收入，赋予议会某些预算权。

1970 年 6 月 30 日：丹麦、爱尔兰、挪威、英国开始进行加入谈判。

1970 年 10 月 27 日：理事会建立旨在实现外交政策合作的欧洲政治合作程序。

1971 年 3 月 22 日：理事会通过计划，在 1980 年前实现经济与货币联盟，但不久就因国际货币市场动荡而受阻。

1972 年 1 月 22 日：与丹麦、爱尔兰、挪威、英国签订《加入条约》，但挪威在随后的公民投票中拒绝加入。

1973 年 1 月 1 日：丹麦、爱尔兰、英国加入共同体。

1974 年 12 月

9—10 日：巴黎首脑会议决定欧洲理事会每年会晤 3 次，并批准欧洲议会的直接选举。

1975 年 2 月 28 日：共同体与 46 个非加太国家签订《洛美协定》。

1975 年 3 月 18 日：建立欧洲地区开发基金。

1975 年 6 月 12 日：希腊申请加入。

1975 年 7 月 22 日：签订《修订条约》，赋予欧洲议会更多预算权，设立审计院。

1975 年 12 月 1—2 日：欧洲理事会就议会直接选举作出正式决定。

1977 年 1 月 6 日：新委员会就职，詹金斯任主席。

1977 年 3 月 28 日、

7 月 28 日：葡萄牙、西班牙申请加入。

1978 年 4 月 7—8 日：欧洲理事会同意议会、理事会、委员会就基本权利发表的《联合宣言》。

1978 年 12 月 4—5 日：欧洲理事会创立欧洲货币体系，建立基于埃居的汇率机制。

1979 年 6 月 7 日、
10 日：欧洲议会首次直接选举。

20 世纪 80 年代

1981 年 1 月 1 日：希腊成为共同体第 10 名成员。

1984 年 2 月 14 日：由斯皮内利发起的《欧洲联盟条约草案》，在欧洲议会以决大多数票通过。

1984 年 6 月 14 日、
17 日：欧洲议会第二次选举。

1984 年 6 月
25—26 日：欧洲理事会就旨在减少英国对共同体预算净贡献的返回款达成一致。

1985 年 1 月 7 日：新委员会就任，德洛尔任主席。

1985 年 6 月 14 日：比利时、法国、德国、卢森堡、荷兰签署废除边界控制的《申根协定》。

1985 年 6 月
28—29 日：欧洲理事会批准委员会在 1992 年

前完成单一市场的计划；审议了《欧洲联盟条约草案》；并决定召开政府间会议修订条约。

1986 年 1 月 1 日：西班牙、葡萄牙加入，成员国增至 12 个。

1986 年 2 月 17 日、28 日：签署《单一欧洲法令》。

1987 年 7 月 1 日：《单一欧洲法令》生效。

1988 年 7 月 1 日：议会、理事会与委员会就预算纪律与程序达成的《机构间协议》生效。

1988 年 10 月 24 日：建立一审法院。

1989 年 6 月 15 日、18 日：欧洲议会第三次选举。

1989 年 7 月 17 日：奥地利申请加入。

1989 年 11 月 9 日：柏林墙倒塌。德意志民主共和国开放边境。

1989 年 12 月 8—9 日：欧洲理事会发起政府间会议筹划建立经济与货币联盟；除英国外，所有成员国均通过了工人社会权利宪章。

20 世纪 90 年代

1990 年 4 月 28 日：　欧洲理事会就德国统一政策和与中东欧国家关系达成一致。

1990 年 5 月 29 日：　签订建立欧洲重建与发展银行的协定。

1990 年 6 月 19 日：　签订第二个《申根协定》。

1990 年 6 月 20 日：　欧洲经济共同体与欧洲自由贸易区开始就建立欧洲经济区（EEA）进行谈判。

1990 年 6 月 25—26 日：欧洲理事会决定与经济与货币联盟政府间会议同时，召开政治联盟政府间会议。

1990 年 7 月 4 日、16 日：　塞浦路斯、马耳他申请加入。

1990 年 10 月 3 日：　德国统一。

1990 年 12 月 14—15 日：　欧洲理事会开始召开经济与货币

	联盟政府间会议以及政治联盟政府间会议。
1991 年 7 月 1 日：	瑞典申请加入。
1991 年 12 月 9—10 日：	欧洲理事会就《欧洲联盟条约》(即《马约》) 达成一致。
1991 年 12 月 16 日：	与波兰、匈牙利、捷克斯洛伐克签订《欧洲协定》，随后又相继与捷克、斯洛伐克、保加利亚、爱沙尼亚、拉脱维亚、立陶宛、罗马尼亚、斯洛文尼亚签署该协定。
1992 年 2 月 7 日：	签署《马约》。
1992 年 3 月 18 日：	芬兰申请加入。
1992 年 5 月 2 日：	签订《欧洲经济区协定》。
1992 年 5 月 20 日：	瑞士申请加入。
1992 年 5 月 21 日：	通过共同农业政策改革方案。
1992 年 6 月 2 日：	丹麦全民投票拒绝接受《马约》。
1992 年 9 月 14 日：	援助独联体国家的 TACIS 计划参加国首届部长会议召开。

1992年9月20日：法国全民投票以微弱多数通过《马约》。

1992年11月25日：挪威申请加入。

1992年12月6日：瑞士全民投票拒绝加入欧洲经济区；加入欧盟的计划被搁置。

1992年12月11—12日：欧洲理事会对丹麦作出特别安排，以推动该国通过《马约》；批准德洛尔的一揽子预算建议；同意就奥地利、挪威、瑞典、芬兰加入开始进行谈判。

1992年12月31日：绝大部分单一市场立法按时完成。

1993年5月18日：丹麦第二次全民投票通过《马约》。

1993年6月21—22日：欧洲理事会宣布，中东欧联系国在满足政治与经济条件后可以加入。

1993年11月1日：《马约》生效。

1993年12月5日：委员会通过增长、竞争力与就业白皮书。

1994 年 3 月 9—10 日：《马约》建立的地区委员会举行成立大会。

1994 年 3 月 31 日、4 月 5 日：匈牙利、波兰申请加入。

1994 年 6 月 9 日、12 日：欧洲议会第四次选举。

1994 年 7 月 15 日：欧洲理事会提名桑特接替德洛尔任委员会主席。

1994 年 11 月 28 日：挪威全民投票否决加入。

1995 年 1 月 1 日：奥地利、芬兰、瑞典加入，成员国增至 15 个。

1995 年 7 月 12 日：欧洲议会任命首任联盟调查官。

1995 年 7 月 26 日：成员国签订《欧洲警察署公约》。

1995 年 11 月 27—28 日：欧洲 - 地中海会议在巴塞罗那召开。

1995 年 12 月 31 日：欧共体 - 土耳其关税同盟生效。

1996 年 3 月 29 日：修订《马约》的政府间会议召开。

1997 年 7 月 16 日：委员会就 10 个中东欧国家的申请提交“意见”，同时提出旨在扩大

	而调整欧盟政策的“2000 年日程”建议。
1997 年 10 月 2 日：	签署《阿约》。
1998 年 3 月 12 日：	开始与塞浦路斯、捷克、爱沙尼亚、匈牙利、波兰、斯洛文尼亚进行加入谈判。
1998 年 5 月 3 日：	理事会决定 11 个国家将在 1999 年 1 月 1 日采用欧元。
1998 年 6 月 1 日：	欧洲中央银行成立。
1998 年 10 月 24—25 日：	欧洲理事会同意防务合作措施。
1998 年 12 月 31 日：	理事会确定欧元与参加国货币的固定汇率。
1999 年 1 月 1 日：	欧元成为奥地利、比利时、芬兰、法国、德国、爱尔兰、意大利、卢森堡、荷兰、葡萄牙、西班牙的法定货币。
1999 年 3 月 15 日：	在独立委员会提交关于委员会管理不当与欺诈的报告后，委员会辞职。

1999 年 3 月 24 日：　普罗迪被提名为新委员会主席。

1999 年 3 月
24—25 日：　欧洲理事会通过“2000 年日程”。

1999 年 5 月 1 日：　《阿约》生效。

1999 年 6 月
10—13 日：　欧洲议会第五次选举。

1999 年 12 月
10—11 日：　欧洲理事会决定与另外 6 国开始加入谈判；接受土耳其为申请国；决定召开政府间会议修改条约。

2000 年

2000 年 1 月 15 日：　开始与保加利亚、拉脱维亚、立陶宛、马耳他、罗马尼亚、斯洛伐克进行加入谈判。

2000 年 2 月 14 日：　政府间会议召开。

2000 年 3 月 1 日：　委员会通过其改革白皮书。

2000 年 5 月 3 日：　委员会提议希腊成为欧元区第 12 名成员。

2000 年 5 月 9 日：　欧盟机构庆祝《舒曼宣言》发表 50 周年。

2000 年 6 月 20 日：　欧洲理事会通过旨在加强欧盟经济灵活性的措施。

2000 年 6 月 23 日：　签订第五个《洛美协定》。

2000 年 12 月
7—10 日：　欧洲理事会签署《尼斯条约》，并表示欢迎《基本权利宪章》。

名词解释

斜体词请参见其他词目。

Accession 正式加入：加入*欧盟*的过程。在经谈判达成加入条约后，所有成员国必须批准条约，欧洲议会必须表示同意。

Acquis Communautaire 现有共同体：*欧盟*全部立法、规则、司法与标准体系。

Agenda 2000 2000 年日程：为向中东欧扩大而改革*共同农业政策*与*凝聚政策*的措施。

Amsterdam Treaty《阿姆斯特丹条约》：参见 *Treaty of Amsterdam《阿姆斯特丹条约》*。

Area of Freedom, Security and Justice (AFSJ) 自由、安全与公正的区域：*《阿约》*将*《申根协定》*纳入*欧共体*，规定废除边境控制、允许人员自由流动以及开展打击跨境犯罪的司法与警察合作。爱尔兰、英国以及在某种程度上的丹麦，选择不参加废除边境控制以及涉及欧共体机构的一些方面的事务。

Asymmetric shocks 不对称冲击：以不同方式影响同一经济体内的不同地区。这是欧元区内的潜在问题。

Barriers to trade 贸易壁垒：成员国间已经废除了关税与配额。单一市场废除非关税壁垒的目标大部分已经完成，但仍存在某些非关税壁垒。

Budget of the *European Union* *欧盟*预算：来自*自有财源*的收入；三分之二的开支用于*共同农业政策*与*凝聚政策*。

Citizenship 公民权利：*《欧洲联盟条约》*提出了欧盟公民权利。欧盟公民不但享有作为本国公民的权利，还享有各条约赋予的权利。

Cohesion policy 凝聚政策：通过*结构性基金*实施的*欧盟*地区发展政策，占欧盟*预算*开支的三分之一。

Comitology 委员会制度：由成员国官员组成、代表*理事会*监督*委员会*工作的小组委员会制度。

Commission，European Commission 委员会、欧盟

委员会：*欧盟*的主要执行机构，由 20 名委员组成，负责不同领域的政策。除具执行功能外，委员会还提出立法提案和监督守法情况。“委员会”亦常用作委员会及其工作人员（约 1.6 万人）的总称。

Committee of Permanent Representatives（Coreper）常驻代表委员会：参见 *Council 理事会*。

Committee of the Regions 地区委员会：由地区和地方当局代表组成，对立法提出意见，并主动提交报告。

Common agricultural policy（CAP）共同农业政策：通过补贴和其他价格支持机制支持农业的政策，占*欧盟*预算开支的将近一半。该政策已朝着直接补贴农民和降低价格支持的方向改革。

Common Foreign and Security Policy（CFSP）共同外交与安全政策：*欧盟*的第二*支柱*，旨在开展政府间外交政策合作，以及利用*西欧联盟*的能力开展防务合作。*理事会*秘书长兼任“高级代表”，协助理事会*轮值主席*对外代表欧盟。

Community 共同体：参见 *European Community 欧洲共同体*。

Compulsory Expenditure (CE) 强制性开支：主要用于*共同农业政策*的预算开支。对此类开支，*理事会*拥有的权力大于*欧洲议会*。

Co-operation in Justice and Home Affairs（CJHA）司法与民政事务合作：*欧盟*以前的第三*支柱*，旨在开展人员跨境流动和打击跨境犯罪方面的合作。*《阿约》*将司法与民政事务合作的大部分事务，转移至*共同体*新建立的"*自由、安全与公正的区域*"。由于爱尔兰与英国选择不参加"自由、安全与公正的区域"，目前存在的是一个缩小的第三支柱"*刑事事务上的警察与司法合作*"。

Council，Council of Ministers 理事会、部长理事会：由成员国部长级代表组成。理事会修订立法和对立法进行*表决*，监督*共同体*政策的执行，以及负责第二和第三*支柱*的政策。它得到位于布鲁塞尔的理事会秘书处、常驻代表委员会和委员会制度（参见 *comitology 委员会制度*）的协助。理事会与首脑一级的*欧洲理事会*，是*欧盟*最强势的政治机构。

Court of First Instance 一审法院：负责审理涉及竞争法等领域的案件和机构与其雇员间的争端等。

Court of Justice 法院：在*共同体*法方面的最高司法当局，由每个成员国的 1 名法官组成，共 15 名法官，院址在卢森堡。法院发展了涉及面很广的案例法（参见 *European legal order 欧盟法制*）。它保证了共同体内的法治。

Direct effect 直接有效：参见 *European legal order 欧盟法制*。

Directive 指令：*共同体*的一种法令，它“在其要求取得的结果上具有约束力”，但将“形式与方式的选择权”留给成员国当局。

Economic and Monetary Union（Emu）经济与货币联盟：达到了财政状况良好的“趋同标准”，并最终确定本国货币与欧元的汇率后，12 个成员国将参加经济与货币联盟。欧元从 2002 年初取代它们各国的货币。货币政策由*欧洲中央银行*和*欧洲中央银行体系*负责。还建立了经济政策协调制度。

Economic and Social Committee（Ecosoc）经济与社会理事会：由雇主、工人和社会团体代表组成。对*欧共体*立法提出意见，并主动提交报告。

Electoral systems 选举制度：所有国家目前在*欧洲议*

会选举中均采用比例代表制，英国在 1999 年选举中开始采用该制度。

Enhanced co-operation 增强合作：允许那些希望在特定领域实施更加紧密一体化的国家，*在欧盟的*框架内开展这种合作。

European Atomic Energy Community（Euratom）欧洲原子能共同体：*与欧洲经济共同体*同时于 1957 年建立，旨在促进原子能领域合作以及开展民事目的核能研究与开发。

European Central Bank（ECB）欧洲中央银行：负责欧元区货币政策。总部设在法兰克福的欧央行由执行理事会管理；执行理事会与欧元区各国中央银行行长组成欧央行的管理委员会。欧央行与各国央行组成欧洲中央银行体系（ESCB），其主要目标是维持物价稳定。所有上述机构成员均不得接受任何其他机构的指示。

European Coal and Steel Community（ECSC）欧洲煤钢共同体（欧洲煤钢联营）：由 1950 年 5 月 9 日《舒曼宣言》发起，将比利时、法国、德国、意大利、卢森堡、荷兰 6 国的煤钢部门由一共同制度管理。*欧洲经济共*

*同体*与*欧洲原子能共同体*均建立在煤钢共同体体制结构之上。

European Commission 欧盟委员会：参见 *Commission 委员会*。

European Community（EC）欧洲共同体（欧共体）：欧共体为*欧盟*的核心*支柱*。它包括*欧洲经济共同体*、*欧洲煤钢共同体*和*欧洲原子能共同体*，含有*欧盟*机构的联邦成分，并负责欧盟大部分事务。

European Convention on Human Rights and Fundamental Freedoms《欧洲人权与基本自由公约》：欧洲理事会 1950 年通过的跨欧洲保护人权的机制。*欧盟*所有成员国都签署了该公约，它是欧盟尊重人权的基础。

European Council 欧洲理事会：由各成员国政府首脑或国家首脑（如芬兰和法国总统，他们具有某些行政职能）和*委员会*主席组成，对需要此级别领导解决或推动的事务作出决定，并确定*欧盟*的政治指导方针。

European Court of Justice（ECJ）欧洲法院：参见 *Court of Justice 法院*。

European Defence Community（EDC）欧洲防务共

同体：20 世纪 50 年代初期将*欧洲煤钢共同体*国家军队整合起来的一次大胆尝试，但被法国国民议会搁置。

European Economic Community（EEC）欧洲经济共同体：根据*《罗马条约》*于 1958 年建立，其权限包括在 6 个成员国间建立一个共同市场和开展大范围的经济政策合作。它的主要机构包括*委员会*、*理事会*、*欧洲议会*、*法院*。它是今天*欧共体*的基础。

European legal order 欧盟法制：*法院*建立了共同体法律的主要原则。其一是"直接有效"，使个人可以如同享有成员国法赋予的权利那样，享有共同体法赋予的权利。其二是共同体法"优先"，确保共同体法在整个共同体内按同一标准得以实施。

European Monetary System（EMS）欧洲货币体系：*经济与货币联盟*的前身，主要包括限制汇率波动的汇率机制。

European Parliament（EP）欧洲议会：*欧盟*直接选举产生的机构，其*议员*（MEPs）在*立法*、*预算*、*委员会*上拥有重大权力。

European Political Co-operation（EPC）欧洲政治合

作：政府间的外交政策合作，1970 年开始实行，1993 年由*共同外交与安全政策*取代。

European System of Central Banks（ESCB）欧洲中央银行体系：参见 *European Central Bank 欧洲中央银行*。

European Union（EU）欧洲联盟（欧盟）：除*共同体*这一核心支柱之外，*《欧洲联盟条约》*另创建了两个新*支柱*，即外交政策合作和司法与民政事务合作。三个支柱共有相同的机构，但两个新支柱主要是政府间的。

Federation 联邦：联邦政体中，政府职能由两级或多级民主机构分工行使。权力通常依据*辅从性*原则分配，成员国或组成部分拥有它们能够有效行使的那些权力。

Free movement 自由流动：条约规定人员、商品、资本和劳务在*欧盟*内自由流动，称为“四大自由”。

Intergovernmental Conference（IGC）政府间会议：*欧盟*修订条约的主要途径。成员国代表在政府间会议上起草一项修订条约，它在生效前必须得到各国的批准。

Legislative procedures 立法程序：*大多数欧共体*法律是按共同议决程序制定的，赋予*欧洲议会*与*理事会*同意、修订或拒绝法案的权力。合作程序赋予欧洲议会的权力较少，已不那么重要；但只是将理事会计划告知欧洲议会的咨询程序，适用范围仍然相当广泛。批准程序赋予欧洲议会批准加入条约、联系协定以及某些立法事务的权力。

Maastricht Treaty《马斯特里赫特条约》：参见*Treaty on European Union《欧洲联盟条约》*。

Members of the European Parliament（MEPs）欧洲议会议员：目前有625名[1]经各成员国选举进入*欧洲议会*的议员。欧洲议会议员代表其选民，在议会小组委员会中审议立法，表决法律与预算，监督*委员会*，讨论*欧盟*事务。

Nice Treaty《尼斯条约》：参见*Treaty of Nice《尼斯条约》*。

Non-compulsory expenditure（NCE）非强制性开支：*欧洲议会*比*理事会*拥有更多控制权的那部分开支，目前约占整个*预算*的一半。

North Atlantic Treaty Organisation（Nato）北大西洋公约组织（北约）：1949年成立的西欧安全保护伞，它将美国与欧洲安全体系联系起来。

1 现为785名。

Own resources 自有财源：*欧盟预算*的税收收入，主要来源为按成员国 GNP 与增值税基数提取的一定百分比，次要来源为关税与农产品进口税。

Permanent representations 常驻代表处：每个成员国在布鲁塞尔均设有常驻代表处，为该国与*欧盟*沟通合作的中心。代表处的负责人为该国在常驻代表委员会的代表（参见 *Council 理事会*）。

PHARE 波兰与匈牙利：经济重建援助：为中东欧国家转型过程提供援助的计划。

Pillars 支柱：*《马斯特里赫特条约》*（*《马约》*）使用一种*支柱*系统来建立*欧盟*。各支柱相对独立，但由一套共同规定联系起来。核心支柱为*欧洲共同体*，其余两个支柱为*共同外交与安全政策*和*司法与民政事务合作*，但后者已重新命名为刑事事务上的警察与司法合作。

Police and Judicial Co-operation in Criminal Matters 刑事事务上的警察与司法合作：参见 *Co-operation in Justice and Home Affairs 司法与民政事务合作*。

Presidency 轮值主席（国）：*理事会*与*欧洲理事会*由成员国的代表轮流担任主席，每届主席任期 6 个月。当任主席同时根据*共同外交与安全政策*代表*欧盟*，并协助确定在其任期内欧盟的目标。

Primacy 优先：参见 *European legal order 欧盟法制*。

Qualified majority voting（QMV）特定多数表决：参见 *voting 表决*。

Regulation 条例：*欧共体法令*的一种，它在所有成员国中“具有完整的约束力和直接适用”。

Schengen Agreements《申根协定》：最初于 1985 年在*欧盟*框架外签订；申根国家现包括除爱尔兰、英国以及某种程度上的丹麦以外的所有其他成员国。该协定已被纳入*欧共体*（参见 *Area of Freedom, Security and Justice 自由、安全与公正的区域*）。

Secondary legislation 次级（二级）立法：欧盟机构在条约赋予的权力范围之内制定的法律。

Single European Act（SEA）《单一欧洲法令》：1986 年签订的、首个对《罗马条约》作出重大修改的法令。该法令对完成单一市场的 1992 年计划作了规定，增加了一些新的权限，拓展了特定多数*表决*的适用范围，加强了*欧洲议会*的作用。

Structural funds 结构性基金：包括凝聚基金、欧洲农业保证与指导基金的指导部分、地区发展基金、社会基金（参见 *cohesion policy 凝聚政策*）。

Subsidiarity 辅从性：该原则要求，只有当某项行动*在欧盟*一级进行比由成员国分别进行更加有效时，才在欧盟一级进行。

TACIS（Technical Assistance to the Commonwealth of Independent States）对独联体国家的技术援助：对独联体国家的转型过程提供援助的计划。

Treaties of Rome《罗马条约》：参见 *European Economic Community 欧洲经济共同体*与 *European Atomic Energy Community 欧洲原子能共同体*。《欧洲经济共同体条约》常被称为《罗马条约》。

Treaty of Amsterdam《阿姆斯特丹条约》(《阿约》)：1997 年签订的一项条约，拓展了共同议决的适用范围，改革了共同外交政策以及司法与民政事务两个*支柱*。

Treaty of Nice《尼斯条约》：由*欧洲理事会*在 2000 年 12 月缔结，旨在为即将的扩大作好机构上的准备。该条约在某种程度上拓展了*特定多数表决*的适用范围，促进了*增强合作*。

Treaty on European Union（TEU）《欧洲联盟条约》：1991 年签署于马斯特里赫特（因此简称《马约》）。该条约建立了*欧盟*，制定了创建*经济与货币联盟*的程序，赋予*欧洲议会*以重要的新权力，提出了欧洲公民权利，建立了*共同外交与安全政策*和*司法与民政事务合作*两个新*支柱*。

Union 联盟：参见 *European Union 欧洲联盟*。

Voting 表决：*理事会*决定大多由特定多数表决（QMV）作出，给每个国家的表决权数依人口多少而定，但加权偏向小国。全部票数为 87 票，62 票构成特定多数。从 2005 年起将实施新的加权方案，以为欧盟的扩大作好准备。全体一致同意程序在*共同体*立法中已不那么适用，但在另两个*支柱*中仍是主要程序。简单多数表决只限于程序性事务。

Western European Union（WEU）西欧联盟：英国与*欧共体*成员国在 1954 年建立的组织。在长时间停顿后，*《马约》*与*《阿约》*对*欧盟*与西欧联盟之间的关系作了规定，将后者纳入欧盟，并作为*北约*的欧洲“臂膀”予以发展。大多数欧盟成员为西欧联盟成员。

World Trade Organisation（WTO）世界贸易组织（世贸组织）：从 1995 年起取代《关贸总协定》来规制世界贸易，目标是减少国际贸易壁垒，并具有争端解决机制。

译后记

当外语教学与研究出版社让我翻译《欧盟概览》的时候，我欣然从命是出于两个考虑。

其一，我从事欧盟与欧洲一体化研究 30 年，见证了它在我国的发展，但一直以缺乏一本适合我国大众读者的普及读本为憾。本书是牛津 VSI 系列丛书之一，又系英国著名学者约翰·平德所写，兼有深入浅出和权威性的优点，可谓填补了这个空白。唯一的缺憾是该书成书于 2001 年，没能反映之后欧盟的一些重大发展。我曾试图联系作者，请他写序或作些补充，可惜未果。不得已之余，只能以添加译注续貂；其中如有谬误，应由我负责，并欢迎读者指正。

第二，外研社是我开始学外语时就已心仪的出版机构，与之合作是乐事。果不然，该社杨柳编辑在校阅译稿时的工作态度给我留下了极为深刻的印象。我从来认为翻译是比写作更难的再创造，在如今初通外语都可以从事翻译、各类译著未免滥觞之时，责任编辑实是译文质量的最后把关者。我和杨柳编辑还无幸谋面，我甚至不知其年龄、性别，但她 / 他在我们十数次电子邮件往来中，不仅捉出了我译文中的疏漏、错误之处，还提出了不少改进译文质量的建议。在此，我想对外研社及杨柳编辑的敬业，表示特别的感谢和敬意。

得悉《欧盟概览》即将付印，有感而识。

戴炳然

2008 年 12 月 19 日